Rainer Gall
Terrassen, Wege, Gartenmöbel

Rainer Gall

Terrassen, Wege, Gartenmöbel

Arbeiten mit Holz im Außenbereich

Deutsche Verlags-Anstalt
Stuttgart München

Bibliografische Information Der Deutschen Bibliothek
Die Deutsche Bibliothek verzeichnet diese Publikation in der Deutschen Nationalbibliografie;
detaillierte bibliografische Daten sind im Internet unter http://dnb.ddb.de abrufbar

© 2003 Deutsche Verlags-Anstalt, Stuttgart München
Alle Rechte vorbehalten
Gestaltung, Satz, Produktion: a.visus, München
Lithografie: ReproLine, München
Druck und Bindung: Appl, Wemding
Printed in Germany
ISBN 3-421-03371-4

Liebe Schreiner, Tischler, Zimmerer und Gartenbauer sowie alle anderen, die mit Holz im Außenbereich zu tun haben:
Die im Buch verwendete Bezeichnung »Schreiner« bezieht sich auf alle verwandten Berufe, konnte aber aufgrund der Länge einer
solchen Aufzählung nicht durchgehalten werden. Der Autor bittet um Verständnis für diese, auch regional begründete, Reduktion.

Inhalt

Garten, Menschen, Wohnen

Der Garten:
Wie war er früher,
wie ist er heute?

Wohnen im 19. Jahrhundert

Wohnen findet für uns heute im Haus statt. Im 19. Jahrhundert umfasste der Wohnraum im weitesten Sinne für viele Menschen auch die Außenbereiche wie Hof, Straße und – wenn vorhanden – Garten. Die Wohnhäuser lagen eng beieinander, der eigentliche Wohnraum war häufig sehr klein, muffig, feucht und dunkel. Vor allem in den Städten drängten sich zu Zeiten der Industrialisierung Tausende von Menschen, die hier Arbeit in den neuen Fabriken gefunden hatten. Viele Familien mit niedrigem Einkommen wohnten auf allerengstem Raum, viele Tätigkeiten wurden daher auf der Straße in Gemeinschaft erledigt. »Um der Enge der Wohnungen zu entfliehen, gingen Frauen, Männer und Kinder während des ganzen 19. Jahrhunderts nach draußen. Das Leben spielte sich vielfach in Hauseingängen und Höfen, in Kneipen und Läden um die Ecke oder auf der Straße vor dem Hause ab. Neben der Fabrik wurde das Wohnquartier zum zweiten großen Erfahrungsraum für die Arbeiterfamilien.«[1] Auf dem Lande wurde gleichfalls der Außenraum zum Lebensraum, nach der Arbeit saßen sommers die alten Leute vor der Tür, die jungen zogen in Gruppen auf und ab. »Freizeit im modernen Sinne kannten Bauern nicht ... Überlieferte Berichte weisen darauf hin, dass man nach getaner Arbeit auf Nachbarschaft ging.«[2] Die idyllische Bank neben der Eingangstür war so gesehen ein Beitrag zum Gemeinschaftsleben.

Wer es sich als Stadtbewohner leisten konnte, der pachtete ein kleines Grundstück am Rand der Stadt. Hier fand er Licht und Luft, suchte in den dort kurz bemessenen Zeiten Erholung und nutzte den Garten vor allem für die Versorgung mit Nahrungsmitteln. »Jenen vom Land Hinzugezogenen boten der Garten und die Kolonie eine gute Möglichkeit, sich besser in der Großstadt zurechtzufinden, denn hier waren ihre Kenntnisse und Fähigkeiten aus der Landwirtschaft, die in der Stadt ansonsten keinerlei Wert mehr besaßen, noch von Nutzen. Und die Kolonie war anders als die Mietskaserne oder Fabrik und Büro ein heimatlicher Ort.«[3] In den ersten Laubenkolonien lebten vor allem Handwerker, einfache Beamte und auch »Bessergestellte«, die sich in den guten Wohngegenden keine Wohnung leisten konnten. So fanden auch Familien des Mittelstands im Garten Ausgleich zum Leben in der Stadt.

Das Aufkommen der ersten öffentlichen Verkehrsmittel ab der Mitte des 19. Jahrhunderts hatte auch Auswirkungen auf die weitere Entwicklung der Städte. Bisher nur schwierig zu erreichende Außenbezirke wurden zunehmend attraktiv für die wohnungssuchende Bevölkerung, die von nun an zu ihren Arbeitsplätzen in der Stadt pendeln konnte: Immer neues Bauland wurde erschlossen, so dass sich die Gartengebiete immer weiter nach außen schoben. »Die leichte Erreichbarkeit der Vororte ließ aber auch dort bald die Bodenpreise steigen, so dass sich noch weiter außen rings um die Städte weitere Agglomerationsgürtel mit Arbeitersiedlungen und Gewerbegebieten herausbildeten, in guter Lage aber auch Villenviertel und Sommerhaussiedlungen der Wohlhabenden. Die schichtenspezifische Separation der Lebensräume nahm also zu«.[4]

Der Abstand zwischen den dichtbesiedelten Innenstädten und dem umliegenden Grün wurde immer größer. Teilweise bemühten sich vorausschauende Stadt- oder Landesväter, große Grünanlagen für die Bevölkerung in den Innenstädten, so genannte Volksparks, zu schaffen wie beispielsweise den Englischen Garten in München. Hier sollte sich die Bevölkerung stadtnah erholen können.

9

Der Garten:
Wie war er früher,
wie ist er heute?

Reformbewegungen und Natur

Zum Ende des 19. und zu Beginn des 20. Jahrhunderts formierten sich zahlreiche Bewegungen mit politischen, gesellschaftsreformatorischen und pädagogischen Ansätzen. Licht, Luft und Bewegung wurden auch für die breite Bevölkerung wichtig. Luftbäder wurden eröffnet und Wandergruppen wie der »Wandervogel« gegründet. Die ersten Gartenstädte wie Hellerau bei Dresden und zahlreiche Schrebergärten (benannt nach dem Reformpädagogen Schreber) entstanden. Viele der in dieser Zeit entstandenen Garten- und Laubenkolonien gründeten auf den Idealen dieser »Lebensreform-Bewegungen«. Die Koloniegärten dienten zur Lebensmittelversorgung und hatten zugleich den pädagogischen Anspruch, die Kinder auf Naturphänomene aufmerksam zu machen, verfügten über Spieleinrichtungen für Kinder, Kantinen und boten Weiterbildungsprogramme.

Die Bewegungen drückten die Suche nach einem Bezug der Menschen zur Natur aus. Ohne diese Orientierung ist das heute geläufige Bewusstsein für Gesundheit und Natur nicht denkbar. Mehr heutige Läden, Firmen und Einrichtungen, als uns im ersten Moment bewusst sind, liegen in den Reformbewegungen begründet. Und der heutige Hausgarten sähe sicher anders aus.

Romantisch war das Gartenleben für viele Menschen in dieser Zeit aber kaum. Nicht alle Laubenkolonien waren von einem rein sozialen Anspruch getragen. Häufig dienten sie der stärkeren Bindung der Bewohner an den Fabrik- oder Gutsbesitzer, auf dessen Grund und Boden die Laubenkolonien entstanden waren. Manchmal wurden sie kurzerhand zugunsten einer lukrativeren Verwendung des Grundstücks auch wieder abgebrochen. Dieses Damoklesschwert war allgemein bekannt und verhinderte einen dauerhaften Ausbau des Gartens. Pflanzen und Bebauung war von vielen auch nur für einjährigen Gebrauch ausgelegt. In besonders dicht besiedelten Städten entstanden Lauben in den Innenbereichen von großen Häuserblocks; die Wand der Laube lehnte sich an die Mauer des nächsten Hauses. So wohnten die einen Familien im Haus, die anderen zeitweise oder dauerhaft in einer Laube dahinter.

Die Gartenlaube als Fluchtort

In der Zeit des Ersten Weltkriegs veränderte sich die ideologische Bedeutung des Gartens. Der pädagogische Ansatz verlor sich nicht zuletzt durch die Notsituation. Viele Gärten leisteten dabei einen wichtigen Beitrag zur Ernährung der Bevölkerung. Zudem war die Versorgung mit Wohnraum zu Beginn des 20. Jahrhunderts vielerorts noch äußerst angespannt. Der heimatliche Ort »Laube« wurde vielen Menschen zur eigentlichen Wohnung. Aus dem Ort, zu dem man ausweichen konnte, wurde ein realer Fluchtort: »Immer mehr Familien zogen – meist notgedrungen – ›ins Grüne‹. Im Jahre 1923 zählte man in den Berliner Kolonien nicht weniger als 35 000 Familien, die ständig auf ihrem Grundstück lebten. Im Jahre 1932 wohnten 43 000 Berliner in Lauben, von denen aber lediglich 3000 massiv gebaut waren.«[5] Diese Entwicklung war so nicht beabsichtigt gewesen, denn eigentlich war das dauerhafte Wohnen in den Lauben polizeilich verboten. Aber die Not erbrachte wenigstens eine Duldung.

Später, in der Zeit der nationalsozialistischen Diktatur, sicherten die Lauben manchen Verfolgten das Überleben. Zunächst und vom Staat gefördert aber dienten die Gärten mehrheitlich für die Nahrungssicherung der deutschen Bevölkerung. Die Gartenfrüchte wie der Kohlkopf waren ideales Tauschobjekt in den Mangelzeiten.

Auch nach dem Zweiten Weltkrieg boten die Lauben vielen Menschen eine Heimat, waren doch immerhin in Deutschland ca. 25 % der Wohnbebauung, in manchen Orten gar über 60 %, zerstört. Das Wohnen im Gartenhaus war somit lange Zeit und für mehrere Generationen mit Armut und Mühsal verbunden; von Freizeit und Freude war wenig zu spüren. Wer diese Situation überwunden hatte, sah wie all diejenigen, die das niemals mussten, das Gartenwohnen nicht als Ziel.

Wohnreformen im 20. Jahrhundert

Nach dem Ersten Weltkrieg wurden die sozialen Ansprüche und Reformansätze wieder aufgegriffen und zum Teil in der Architektur und städtebaulichen Siedlungsprojekten der zwanziger Jahre umgesetzt. Großflächige Siedlungen mit Reihenbebauung entstanden, bei denen die Häuser kleine Nutzgärten – zusammen mit Ställen für Kleintiere – zugeordnet bekamen. Die enge Blockbebauung wurde aufgelöst und gelockert, Licht und Luft sollte an die Wohnungen kommen, grüne Freibereiche die Gebäude umgeben.

In der Architektur bemühte man sich ähnlich wie in der industriellen Fertigung, neue Formen der Standardisierung und Typisierung zu entwickeln. Das Ziel war, schneller und kostengünstiger neuen Wohnraum zu schaffen und die Lebensqualität der Menschen zu steigern. Ausdruck dieses Bemühens war 1927 die Gründung der Reichsforschungsgesellschaft für Wirtschaftlichkeit im Bau- und Wohnungswesen (RFG), die sich mit der Rationalisierung des Baugewerbes befasste. In dieser Zeit wurde auch mit der

uns heute so selbstverständlichen DIN-Normung begonnen. Ziel war eine Standardisierung, Grundlage industrieller Fertigung, und eine verbindliche Festlegung von Standards, um Wohlbefinden breiter Bevölkerungsgruppen zu erreichen.

Eine Vielzahl von Mustersiedlungen und Ausstellungen sollten den Menschen das neue Verständnis von Wohnen nahe bringen. Die Weißenhofsiedlung in Stuttgart zeigte 1927 »Neues Bauen«, im gleichen Jahr wurde in Frankfurt die berühmte »Frankfurter Küche« vorgestellt. Den einzelnen Räumen einer Wohnung wurden feste Funktionen und diesen entsprechend notwendige Abmessungen zugeordnet. Bis dahin waren alle Räume einer Wohnung etwa gleich groß und konnten unterschiedlich genutzt werden.

Die Auffassung der Zeit fasst Architekt Richard Döcker 1927 sehr gut zusammen, wenn er notiert: »Wohnen ist heute mehr denn je eingestellt auf den Zusammenhang mit Licht, Sonne, Luft. Das Wohnhaus erhält daher große Fenster, dünne Pfeiler, wärmehaltende Wände. Das Wohnzimmer meist direkten Ausgang nach dem Freien, um einen unmittelbaren Zusammenhang, um ein Sichöffnen nach außen zu erreichen im Gegensatz zu dem Sichabschließen gegen die Außenwelt des alten und heutigen Wohnbegriffen ungenügenden Hauses.«[6] Zum Verhältnis von Haus und Garten äußert sich auch ein anderer Architekt der Weißenhofsiedlung, J. J. P. Oud. Er schrieb zu seinen dort gebauten Häusern: »Hinter der Wohnung ist eine kleine Strasse gedacht (bloß Fußgängerweg für die fünf Wohnungen) welche nur für Besuch und Bewohner gedacht ist. Die Hinter-(Süd-)gärten bleiben dann groß möglich, Blumengarten (ganz frei von der Küche!) hinter dem Wohnzimmer; an der anderen Seite des Fußgängerwegs ein gemeinschaftlicher Garten zum Spielen der Kinder

>> Er ging durch den Raum und schlug die Fensterläden zurück, lehnte sich hinaus und sah in den kleinen Hinterhof hinunter. Er maß etwa vier Quadratmeter und war mit einem kleinen Rattan-Tisch und zwei Stühlen möbliert. Entlang der Mauern standen dicht gedrängt Terrakotta-Töpfe mit scharlachroten Petunien, Basilikum, Thymian und Lavendel. Eine blaugestrichene Tür an der Rückwand führte auf einen staubigen Weg hinaus, der offenbar an der Rückseite der Dorfhäuser entlangführte. << *Elizabeth Falconer*

11

Der Garten:
Wie war er früher,
wie ist er heute?

(Sandkisten u. s. w.).«[7] Hier lassen sich also bereits die Kriterien finden, die auch heute noch gültig sind. Aus dem Nutzgarten wurde der Ziergarten, der ebenfalls eine Spielfläche für Kinder vorsah, zudem aber auch für vielfältige gesellschaftliche, sportliche und hauswirtschaftliche Aktivitäten genutzt werden sollte.

Allerdings war dies nicht die Regel.

Der Nutzgarten wird zum Ziergarten

In den fünfziger Jahren des 20. Jahrhunderts setzte sich allmählich die wohnliche Nutzung des Gartens in größerem Rahmen durch, denn in der Zeit des deutschen Wirtschaftswunders war nur noch wenigen die Verknüpfung von Haus und Land mit Gartenbewirtschaftung und Nutztierhaltung wichtig: Der Nutzgarten wurde mehr und mehr zum Ziergarten. Mit dem Erreichen der Vollbeschäftigung und wachsenden Einkünften nahmen auch die Ansprüche an das Wohnen zu, neue Siedlungen und Vorstädte entstanden.

Hier war nun eine starke Durchgrünung Ziel der Stadtplanung. Der Garten um das Haus, Garten zwischen den Häusern, begrünte Höfe in den Häusern; eine Vielzahl von neuen Haustypen wurden entwickelt: »Ein entscheidendes (…) Merkmal der Siedlungen zwischen 1950 und 1970 war das große Angebot an unterschiedlichen Wohnformen. Es gab unzählige Spielarten allein des Wohnens im Einfamilienhaus. Die stereotypen Reihenhäuser wurden von ihrer geradlinig-monotonen Zwangsordnung befreit, mit dem Ziel, Dichte in vielfältiger Gestalt mit größerer privater Qualität des Wohnens zu verbinden. Dazu kamen Kettenhäuser, Terrassenhäuser, Innenhof-Häuser und viele mehr.«[8] Bis in die siebziger Jahre entwickelten viele kleine und große gemeinnützige Wohnungsbaugesellschaften neue Siedlungen und zahllose Wohngebiete mit Ein-, Zwei-, Drei- und Mehrfamilienhäusern rund um die Städte. Die Häuser und Wohnungen bekamen Terrassen, Balkone und große Fensterflächen, um eine optimale Verbindung der Wohnräume mit dem umgebenden Grünraum zu gewährleisten. Auffallend ist die zunehmende Individualisierung: Damit die Einsicht in die Gebäude und den privaten Gartenbereich vermieden werden konnte, wurden Gebäude und Wohnung häufig versetzt zueinander gebaut. »Das Ideal sozialer Gemeinschaftlichkeit und kollektiver Solidarität (…) war zurückgetreten gegenüber (…) privater Intimität und Individualität.«[9]

Damit war der Garten einer übergeordneten Zielsetzung enthoben, der Hausgarten musste nicht mehr für die Nahrungsmittelgewinnung genutzt werden. Der Garten wurde dem Wohnen direkt zugeordnet und konnte entsprechend den persönlichen Vorlieben und Bedürfnissen des Bewohners genutzt werden: ob als Rasenfläche mit Spielgeräten für die Kinder, lauschiger Sitzplatz in üppigem Grün oder kunstvolles Arrangement von blühenden Pflanzen – gestalterische Ambitionen und das gärtnerische Engagement bestimmen Aussehen und Nutzung des Gartens: im wesentlichen als Ziergarten.

Dieser private Rückzugsraum etablierte sich umso mehr, je mehr die Menschen mithilfe von Verkehrsmitteln reisen konnten. Im 19. Jahrhundert machten Eisenbahn und erste Straßenbahnen Laubenkolonien am Stadtrand und weiter entfernt erreichbar. Der enorme Aufschwung des Autoverkehrs bis hin zum Flugzeug erlaubt zwar wiederum, an noch weiter entfernte Ziele zu kommen, aber je weitere Reisen möglich wären, umso näher wird für die meisten Menschen der Garten am Haus.

Der Garten heute

»Der Wohnungsneubau der neunziger Jahre ist weder an bestimmte Standorte gebunden, noch richtet er sich an einem bestimmten Stil aus (...) Gebaut wird überall und alles, was marktgängig ist, mit Steildach oder Flachdach, mit – vorzugsweise – traditionalistischen, aber auch mit modernen, postmodernen oder regionalen Anklängen, im Stil ›neuer Einfachheit‹ oder, wenn es sein muss, auch mit dekonstruktivistischen Attitüden.«[10] Wie dem auch sei, heute weist die überwiegende Zahl der Ein-, Zwei- und kleineren Mehrfamilienhäuser Gartenflächen um das Haus herum auf. Mit dieser engen Verknüpfung von Wohnen und Garten ist der Wunschtraum früherer Generationen verwirklicht. Sie ist gewollt, gewohnt und wird sich in nächster Zeit auch kaum ändern, zu groß ist der Wunsch nach individuellem Wohnen im eigenen Haus mit Garten. Wohnen im Grünen bietet dem gestressten Menschen von heute Gelegenheit zu Entspannung, Muße und gemütlichem Zusammensitzen im Freundes- und Familienkreis fernab von alltäglicher Hektik und Verkehrsbelastung; die Arbeit und Pflege von Pflanzen und Rasen verschafft persönliche Zufriedenheit und eine Nähe zur Natur, die in Zeiten von Auto, Klimatisierung und modernen Shopping-malls vielen Menschen verloren zu gehen droht. Der Aufenthalt im Freien versorgt mit frischer Luft und Tageslicht, beides Dinge, die nach langen Arbeitsstunden in vollklimatisierten Räumen bei künstlichem Licht ein Gefühl von Freiheit und Erholung vermitteln und nicht zuletzt auch gesundheitliche Vorteile bieten.

Problematisch allerdings ist der enorme Flächenbedarf, den die sich immer weiter ins Umland ausdehnenden Einfamilienhaussiedlungen verursachen. Konsens besteht zunehmend darin, dass das Wachstum der Städte und Gemeinden stärker gefasst werden muss. Von daher steht zu erwarten, dass Hausgärten neuer Gebäude im Schnitt kleiner sein werden als diejenigen früher bebauter Grundstücke.

Heute weisen die überwiegende Zahl der Ein-, Zwei- und kleineren Mehrfamilienhäuser Gartenflächen um das Haus herum auf. Die Landesbauordnung Baden-Württemberg gibt in § 9 die Begrünung nicht bebauter Flächen eines Wohngrundstücks sogar ausdrücklich vor. Mit dieser Verknüpfung von Wohnen und Garten ist der Wunschtraum früherer Generationen verwirklicht. Die Verzahnung ist gewollt, gewohnt und wird sich in nächster Zeit kaum ändern, denn in den heutigen Landesbauordnungen ist vorgegeben, dass Wohnungen Licht brauchen und dass Abstandsmaße der Gebäude voneinander einzuhalten sind. Die Abstände errechnen sich aus der Höhe der Gebäude. Im Allgemeinen sollen sie in Baden-Württemberg mindestens 0,6 der Wandhöhe entsprechen, bei Kern- und Dorfgebieten kann auf 0,4 zurückgegangen werden. 2,5 m zwischen Wand und Grenze dürfen keinesfalls unterschritten werden. Sollen zwei Gebäude auf dem gleichen Grundstück stehen, so sind mindestens 5 m Abstand vorzusehen.

Diese Größen sind nicht gewaltig, sie waren schon größer definiert. Wie auch immer, die Abstände führen auf jeden Fall dazu, dass zwischen Häusern Freiflächen sind, die u. a. als Gartenbereiche genutzt werden können, wenn sie nicht Zufahrt oder Zugang sind. Das Mindestmaß von 2,5 m ist so groß, dass ein Tisch für vier Personen aufgestellt werden kann, an dem gerade noch jemand vorbeilaufen kann.

Je nach Lage und Größe der das Gebäude umgebenden Grünfläche bieten zumindest diese Abstandsflächen Platz für Freisitze oder Ruheinseln – die aber meist kaum geschützt sind vor den Einblicken von der

	Wohnlage	Baujahr	Bauplatz	überbaut	Wohnfläche
Kleinwohnhaus	mittel	1900	150 m²	65 m²	70 m²
Einfamilienhaus	gut	1970	600 m²	120 m²	160 m²
Reiheneigenheim	gut	1960	200 m²	70 m²	100 m²
Reiheneigenheim	gut-mittel	1987	200 m²	70 m²	130 m²
Landhaus	gut	1934	800 m²	160 m²	300 m²
Zweifamilienhaus	mittel	1934	500 m²	100 m²	190 m²
Dreifamilienhaus	mittel	1934	500 m²	120 m²	220 m²
Mehrfamilienhaus	mittel	1912	350 m²	200 m²	700 m²

Grundstücksgrößen spiegeln zeittypisches Verständnis von Wohnqualität

Quelle: Jahresbericht 1997 Gutachterausschuss Stuttgart

13

Der Garten:
Wie war er früher,
wie ist er heute?

Straße und den Nachbarn. Genau hier können pfiffige Schreiner ansetzen und Sichtschutz- und Aufenthaltslösungen für eine Kompaktnutzung anbieten. Die größeren Flächen sind dann ein Mehrfaches davon.

Zumeist werden größere Gartenflächen zur Verfügung stehen. Je nach Haustyp variieren die Gartengrößen gewaltig. Die Grundstücksgrößen spiegeln das Verständnis von Wohnqualität der jeweiligen Zeit wider, in der der Bebauungsplan festgelegt wurde. Eine gute Information bietet hier die vom Gutachterausschuss der Stadt Stuttgart gebildete Klassifizierung, die Richtwerte angibt (siehe Tabelle).

So groß sind die meisten Gärten dann aber doch nicht, zieht man von der Grundstücksgröße die überbaute Fläche und die für Abstandsmaße notwendigen Flächen ab. Die häufig verbleibenden 1 bis 3 Ar teilen sich dann Tomate, Rose, Sandkiste und Sitzplatz. Für Sitzen, Gehen und Unterbringen bieten sich hier vor allem Mittelklasselösungen an. Auf einer wohnraumgroßen Terrasse spielt sich das Gartenwohnen ab, es sei denn, einem Garten-Einrichter fielen noch Produktlösungen ein, die untergebracht werden könnten, ohne großen Platzbedarf anmelden zu müssen. Die Normallösungen zeichnen sich aus durch Prak-

tikabilität, Mehrfachnutzbarkeit und im Idealfall auch Mobilität.

In der oberen Preisklasse können die ausladenden und ganz verfeinerten Lösungen angeboten und gebaut werden. Aber nur auf diese zu spekulieren hieße, vielen Verbrauchern kein Angebot zu machen.

Der Garten als Wohngarten spielt für viele Menschen heute eine große Rolle: Welche Schlussfolgerungen lassen sich daraus ziehen? Welche Angebote kann man seinen Kunden machen, die über das, was in normalen Baumärkten zu bekommen ist, hinausgehen? Wo liegen die zentralen Bedürfnisse, wo die größten Schwierigkeiten? Welchen Nutzen bieten ihre Produkte? Wege, Terrassen, Decks und Sichtschutzvorrichtungen; Möbel mit besonderen Extras für den Außenbereich, die dort auch überwintern können: der Liegestuhl mit der praktischen Ablagefläche, der Außenschrank zur Aufbewahrung von Gartengerät oder zum Schutz empfindlicher Pflanzen in den kalten Jahreszeiten? Sehen Sie sich um, sprechen Sie mit Ihren Kunden!

Welche Menschen für welche Angebote Interesse haben könnten, ergibt sich aus ihren persönlichen Interessen und ihrem Freizeitverhalten. Freizeitgestaltung und weitere Aktivitäten im Garten werden im nächsten Kapitel besprochen.

Die Zeit im Garten

Zeit, Freizeit, Gartenzeit

Wie Freizeit auch definiert wird, die Menge der uns relativ frei zur Verfügung stehenden Zeit ist in den letzten Jahrzehnten zunehmend größer geworden. Oder andersherum, die Arbeitszeit hat abgenommen.

In den ersten Nachkriegsjahren nahm die Arbeitszeit zunächst kräftig zu. Für den Bereich »Bautischlerei und Möbelherstellung« weist das Statistische Handbuch Württemberg-Baden 1950 für die Jahre 1947 bis 1949 eine Steigerung von 38 auf 47 Wochenarbeitsstunden aus. Andere Branchen lagen bei mehr als 50 Wochenstunden. Gearbeitet wurde auch an Samstagen. Nach und nach reduzierte sich die Anzahl der Arbeitsstunden. Angaben des Statistischen Landesamtes Baden-Württemberg zeigen für den Zeitraum 1950 bis 1999 eine Verringerung der durchschnittlichen bezahlten Wochenarbeitszeiten für Arbeiter im produzierenden Gewerbe einschließlich Hoch- und Tiefbau von 48,5 Stunden im Jahr 1950 auf 37,9 Stunden im Jahr 1999. Im Handwerk stellt sich eine ähnliche Entwicklung dar, dort wurden 1999 durchschnittlich 39,7 Stunden pro Woche gearbeitet.[11]

Die Arbeitszeiten sind heute zumeist rechnerische Größen. Denn um Überstunden zu vermeiden und dennoch Schwankungen im Geschäftsbetrieb ausgleichen zu können, werden zunehmend flexible Formen der Arbeitszeitorganisation eingeführt. Laut dem Statistischen Bundesamt gilt eine feste Arbeitszeit nur noch für 42 % der Erwerbstätigen; daneben haben 26 % ein Arbeitszeitkonto, weitere 20 % sonstige Arbeitszeitregelungen. Dies bedeutet eine wesentlich größere Flexibilität in zeitlicher Hinsicht: Der Garten wird nicht nur in den Abendstunden und am Wochenende genutzt, sondern in bestimmten Phasen ganztägig auch während der Woche.

Wie viele 16-Jährige und Ältere übten welche Freizeitaktivitäten mindestens einmal im Monat aus?
Beispiele:

Essen oder trinken gehen	50 %
Aktive sportliche Betätigung	35 %
Gegenseitige Besuche von Nachbarn, Freunden und Bekannten	76 %
Gegenseitige Besuche von Familienangehörigen oder Verwandten	76 %
Lesen von Sach- und Unterhaltungsliteratur, Romanen, Krimis, Comics	67 %
Basteln, Reparaturen in Haus oder Wohnung, am Auto; Gartenarbeit	60 %

Bei einem Großteil der Beschäftigten in Führungsebenen und den Selbstständigen liegen die Arbeitszeiten jedoch deutlich über tariflich festgelegten Wochenarbeitsstunden. Häufig mit entsprechend höheren Einkommen versehen, ist es diesen Menschen wichtig, ihre knapp bemessene Freizeit effektiv nutzen zu können.

Sie legen Wert auf Qualität und Gestaltung, wissen Komfort und ungewöhnliche Ideen zu schätzen und sind bereit, dafür mehr Geld auszugeben. Dafür fordern sie aber auch eine Betreuung und Auftragsabwicklung, die auf ihre Zeitsituation Rücksicht nimmt: Beratung und Information außerhalb der normalen Arbeitszeiten, termingetreue Auftragsabwicklung und einen guten Service.

>> Natürlich kann man sich einfach ins Grüne setzen. Dann braucht man nichts weiter als einen Stuhl – und selbst den nicht unbedingt. Aber wer erinnert sich nicht gern: rundum südliche Mittagshitze, luftig-grünes Dach einer Pergola. Nach dem Essen, beim Café, sonnendurchflirrten Schatten genießen. Bienengesumm zwischen staubigem Blattwerk und duftenden Blüten. Entspanntes Zuhören, wohliges Dösen. Ferienstimmung ist keine Frage der Entfernung, man kann sie auch zu Hause erleben. <<   *Hermann Grub*

Auf Tage umgelegt, ergibt sich folgende Tabelle:

	an Tagen
Essen oder trinken gehen	60
Aktive sportliche Betätigung	70
Gegenseitige Besuche von Nachbarn, Freunden und Bekannten	105
Gegenseitige Besuche von Familienangehörigen oder Verwandten	105
Lesen von Sach- und Unterhaltungsliteratur, Romanen, Krimis, Comics	160
Basteln, Reparaturen in Haus oder Wohnung, am Auto; Gartenarbeit	110

Freizeitverhalten

Das Deutsche Institut für Wirtschaftsförderung in Berlin fragte bei Jugendlichen und Erwachsenen ab 16 Jahren in West- und Ostdeutschland nach ihrem Freizeitverhalten. Kommunikation und Sport haben einen hohen Stellenwert. Eine markante Veränderung im Verhalten zeigen Erwachsene, gründen sie eine Familie: In der Regel werden sie mit der Eheschließung häuslicher – ergo auch gartengenießerischer.

Einzelne Aktivitäten gilt es genauer zusammenzustellen, denn für sie besteht u. U. ein neuer Bedarf und mit ihnen können Einrichtungen und Möbel verbunden sein (vgl. Tabelle S. 16).

Recht häufig werden also die Freizeitaktivitäten betrieben, die in Haus, Wohnung und Garten stattfinden, andere Aktivitäten stehen hinter diesen zurück. Die Zahlen drücken indirekt die Nutzungsintensität von Mobiliar aus, denn für Besucher braucht man Tische, Stühle und andere Sitzmöbel, auch für das Lesen, allerdings in anderer Menge und auch in anderer Form. Auf den Garten übertragen bedeutet dies: Der Tisch mit Stühlen steht im Zentrum aller Aktivitäten. Offen ist aber, ob für Lesen, Basteln, Arbeiten nicht auch andere Möbelarten in Frage kommen können.

Beim Blick über die Grenze nach Frankreich stellen wir Gemeinsamkeiten fest. Dort zählen Heimwerken und Gartenarbeit gleichermaßen zu den beliebtesten Freizeitbeschäftigungen. Das heißt, die Möbel für hier könnten auch die Möbel für dort sein – und umgekehrt. Wer nun aber in Gärten schaut, der wird neben dem Platz mit Tisch und Stuhl eine ganze Menge weiterer Aufenthaltsorte finden, die eine Raumbildung durch Boden, Wand oder Dach benötigen. Solche Gartenorte haben Tradition und sind dennoch hochaktuell. Sie bieten den Bewohnern Reize und erweitern das Gartenwohnen.

Vielfalt der Nutzungen

Da Hausbewohner und damit auch Gartennutzer heterogen sind, wie an ihren Häusern und Einrichtungen abzulesen ist, ergibt sich eine ungeheure Vielfalt der Gestaltungswünsche. Jeder Mensch ist anders, wohnt anders und auch jeder Garten sieht anders aus, wird anders genutzt, hat eine eigene Geschichte. Pluralität ist angesagt, in Zeiten der Individualität allemal.

Daraus ergeben sich ganz unterschiedliche Interessenslagen, die sich an der Lebensweise der Garten-

>> Nach der lebhaften Begrüßung der Familienmitglieder untereinander und dem ersten Frühstück setzte ich mich unter die Catalpa an einen Eisentisch, an dem ich meine ›Ferienarbeiten‹ machte; ich liebte diesen Augenblick, in dem ich, scheinbar mit leichten Aufgaben beschäftigt, mich den Stimmen des Sommers überließ. Jedes Ding und auch ich selbst war hier und für immer an seinem rechten Platz. << *Simone de Beauvoir*

nutzer orientiert und damit wieder abhängig ist von Alter und Lebensstandard. Die früheren Haushalte mit vielen Generationen haben sich heute in Haushalte mit höchstens zwei Generationen gewandelt. Nach diesen ist die Gestaltung des Gartens ausgerichtet: Jede Generation möchte ihre Ansprüche und Nutzungen erfüllt sehen. Folglich ergeben sich alle Ansätze zur Produktentwicklung und zur Entwicklung eines Produktangebots aus der intensiven Auseinandersetzung mit den Lebensgewohnheiten, den Wünschen und Erwartungen der unterschiedlichen Zielgruppen ergeben.

Zu all diesen Produktbereichen wird es in den folgenden Kapiteln Anregungen und Ideen geben.

Als weitere Herangehensweise bietet sich an, die Zielgruppen nicht nach ihren Freizeitaktivitäten zu unterscheiden, sondern nach Alters- und Entwicklungsstufen. Die folgenden zwei Kapitel bieten darum Informationen zu Außenbereichen, die zum einen vor allem von Kindern sowie Jugendlichen und zum anderen von Menschen in der Lebensmitte oder älteren Menschen genutzt werden.

Grundsätzlich lassen sich drei Arten der Gartennutzung unterscheiden:

Wer in seinem Garten die Bepflanzung als wesentliches Merkmal sieht, der sucht eher nach **praktischer Ausstattung** (wie Decks, Spaliere, Zäune, Sichtschutz, Mobiliar zur Aufbewahrung von Gartengeräten oder empfindlichen Pflanzen) und ist ansonsten vielleicht zunächst mit einer Sitzgruppe zufrieden.

Wer seinen Garten als Kommunikations- und Feierort sieht, dessen Nachfrage nach Sitzmöglichkeiten ist größer; auch für die Bewirtung und Unterhaltung seiner Gäste braucht er **Mobiliar und Accessoires**. Der Markt bietet hier für alle Stilvorlieben und Preislagen ein großes Angebot. Alternativprodukte sind zwar denkbar, gleichwohl kann es für Schreiner interessanter sein, besondere Produktlösungen zu bieten: z. B. im Bereich maßgenauer Eckbänke für Hausnischen. Der Kunde wird sich zudem einen Ort wünschen, der vor Witterungseinflüssen geschützt ist und wohnliche Atmosphäre aufweist. Hier ist ein besonderes Angebot gefragt.

Wer den Aufenthalt im Freien liebt und dort auch Tätigkeiten nachgehen will, die nicht ursächlich mit dem Außenraum verbunden sind, der wird für **ausgefallene Produkte und Angebote** aufgeschlossen sein. Auch er wird bestimmte Orte bevorzugen, zudem für seine Hobbys Angebote suchen: denn für eine ganze Reihe von Freizeitaktivitäten benötigt man Unterbringungsmöglichkeiten oder transportable Behältnisse, für gemütliche Muße- und Lesestunden bequeme Ruhemöbel oder auch speziellere »Leseorte«.

Gärten für Kinder und Jugendliche

Kicken und graben sind Timons stärkste Erinnerungen an die Garten-Kinder-Zeiten. Das mit dem Kicken war so eine besondere Sache, denn die richtige Wetzfläche gab es erst ein paar hundert Meter weiter. In unserem Garten spielten dann eben manchmal auch Margeriten und Thymian direkt mit, zumindest waren sie immer Zuschauer. Das Graben fand immer im Garten statt: Plötzlich, man ahnte es kaum, war eine Baustelle unter dem Baum. Mitsamt Absperrhütchen und Warnschild, mehreren Schippen für Graber, denn das waren immer mindestens zwei, und einem aufgeschütteten Hügel. War es eine größere

Baustelle, so kamen mehrere Bagger und Laster zu Hilfe.

Zu anderen Zeiten gab es Fünf-Gänge-Menüs. Für meine Augen schwer zu erkennen, denn eigentlich unterschieden sich die Gänge nur durch die Zusammensetzung der Blätter, Erdkrümel, Wasser und Sand. Wichtigstes Element war ein Stein, der für Mareike – zentrale Person bei Rollenspielen der Kinderschar – beim Hauptgang den Braten darstellte. Das Essen wurde auf Mäuerchen zubereitet, es konnte aber durchaus

Auf so großen Spielgeräten wie diesem in Potsdam sind der Phantasie keine Grenzen gesetzt. Entwickelt von der Planungsgesellschaft Remisenpark, Freiburg

auch mal ein umgedrehter Eimer oder ein Holzbrett sein. Die Besprechungen über die Zubereitung fanden unter Decken oder Hecken statt, denn dazu musste der Ort etwas intimer und frei von Sichtkontrolle sein. Bergen diese Beschreibungen Produktideen?

Kinder suchen unterschiedliche Spielmöglichkeiten,

bespielen Objekte auch anders als geplant,

brauchen die kleine Höhle für Geborgenheit genauso wie die große Fläche,

wollen sich auch verbergen können,

brauchen einen Experimentierraum.

Ansprache aller Sinne

Fachleute für Spielbereiche im Freien empfehlen ein möglichst offenes und breites Spielangebot. Positiv ist, wenn die Kinder aus mehreren Alternativen wählen können. Je vielfältiger die Ansprache, umso mehr werden die unterschiedlichen Sinne angeregt und gefördert:

Sehsinn z. B. beobachten von Bewegungen, Spielen mit kleinen und großen Teilen

Hörsinn z. B. Geräusche orten, Klang bei Berühren oder Klopfen auf unterschiedliche Materialien und Formen

Geruchssinn z. B. riechen an Blumen, nassen oder trockenen Materialien

Geschmackssinn wird sich eher auf Pflanzenteile beziehen, weniger auf Baumaterialien

Tastsinn z. B. Oberflächenbeschaffenheit von Materialien

Gleichgewichtssinn z. B. balancieren

Bewegungssinn und Geschicklichkeit z. B. Animation zum Laufen, Hangeln, Fangen etc.;
aber auch jegliche handwerkliche Tätigkeiten wie Hämmern, Sägen, Knoten etc.

Die Fähigkeit der Kinder, die Reize der Außenwelt wahrzunehmen, wird durch entsprechende Produktangebote sensibilisiert, aus der Auseinandersetzung werden Erfahrungen gesammelt, die Erlebnisvielfalt gesteigert. »Kinder brauchen differenzierte Spielangebote, die ihrer Entwicklungsstufe (Kleinkind-, Kindergarten-, Grundschulalter etc.), ihrem Temperament und Charakter (z. B. Intro- oder Extrovertiertheit) und ihrer Stimmungslage (Aktivitäts- oder Ruhe-, Kommunikations- oder Rückzugsbedürfnis) entsprechen.«[12] Die Spielbeschränkung auf Sandkasten und Schaukel wird diesem Anspruch nicht gerecht. Es geht auch nicht darum, diese Spielmöglichkeiten nur durch weitere zu ergänzen. Sondern der Ansatz für Gestalter kann sein, Spielgeräte zu entwickeln, die unterschiedliche Nutzungen bis hin zur Veränderbarkeit durch die Kinder selber zulassen. Ein Spielplatz ist nie fertig, sondern er wird sich verändern mit dem Alter und dem Temperament der Kinder, die dort spielen.

Spielbereiche

Spielbereiche sind im Baurecht verankert. In der baden-württembergischen Landesbauordnung – und in denen anderer Länder ggf. in ähnlicher Art – sind Kinderspielplätze als notwendig benannt. Bauherren, die Gebäude mit mehr als zwei Wohnungen bauen, müssen nach § 9 der Landesbauordnung Baden-Württemberg einen Kinderspielplatz einrichten, es sei denn, in unmittelbarer Nähe wäre schon einer.[13] Der Kinderspielplatz muss stufenlos erreicht werden können. Die Größe und Ausstattung des Platzes richtet sich nach der Größe der Wohnanlage. Den Bauherren von Ein- und Zweifamilienhäusern bleibt die Einrichtung des Kinderspielplatzes selbst überlassen.

Demzufolge drücken die Spielangebote, sofern überhaupt vorhanden, und die Art ihrer Gestaltung das Erziehungsideal und den Anspruch der Bauherren an die Kindererziehung aus.

Manchem Kind ist da nur zu wünschen, dass es einen guten Kindergarten besuchen kann. Der bietet ihm dann die spielerischen Freiräume, die es zur Entwicklung braucht. Und wenn die Kassen der Träger von Kindergärten, Kinderhorten und Schulkinderbetreuung es wieder einmal erlauben, lässt sich sicherlich ein reizvolles Produktangebot eines Schreiners im Garten aufstellen. Um an Impulse für Produktentwicklungen zu kommen, kann das Gespräch mit Erzieherinnen ausschlaggebend sein. Gleichwohl verfügen die Träger meistens über Kindergarten-Beratungsstellen, die pädagogische Fachkräfte haben. An Sachkenntnis des Schreiners wird erwartet, dass er die einschlägigen Sicherheitsvorschriften kennt. Zum Teil stehen sie im weiteren Text.

Gespielt wird an verschiedenen Orten. Das Spielen im Haus steht mit dem Spielen im Garten im Wechsel. Von daher wird dem Außenbereich häufig die Aufgabe zugeordnet, Bewegung zu ermöglichen, um die Muskulatur zu stärken sowie die Geschicklichkeit, die Reaktionsschnelligkeit, den Gleichgewichtssinn und die Ausdauer zu trainieren. Aber dies setzt Fläche voraus, und die ist in einem Reihenhausgarten mit 2 Ar Fläche nicht vorhanden.

Kicken, Rollerfahren und anderes wird an einem anderem Ort stattfinden müssen, im eigenen Garten stehen die ruhigeren und weniger flächenintensiven Spielmöglichkeiten an. Hier können Spielgeräte und Spielmöbel stehen, die filigraner und ausgefeilter sind als diejenigen für den öffentlichen Bereich, die einen sehr robusten Umgang aushalten müssen. Ein gestaltender Handwerker kann sich hier mit einem qualifizierten Angebot profilieren.

Spielbereiche für ruhiges Spiel und für aktionsbetontes und bewegtes Spiel sollen getrennt sein. Die Trennung in Bereiche auf dem Grundstück und außerhalb des Grundstücks aufgrund des Flächenbedarfs, verbunden mit den verscheidenartigen Aktionen, entspricht durchaus einer Grundforderung nach Gliederung der Flächen in Zonen für unterschiedliches Spielen, wie sie für jeden Spielplatz gilt. Wer experimentell spielen will, wird sich nicht gerade auf die Wiese setzen wollen, wo es eher lebhaft und kraftvoll zugehen wird. Tut er dies doch, so merkt er schnell, dass er hier nicht ruhig spielen kann. Selbst die Passanten vielbegangener Verbindungswege sind dabei letztlich spielstörend.

Kommunikation fördern

Martin Hauck beschäftigt sich mit den Bewegungswelten der Kinder aus der Sicht der Landschaftsarchitektur und kommt zu folgendem Schluss: »Es gibt kein Spielgerät, mit Ausnahme der Wippe, das von Kindern abverlangt, sich mit seinen Nachbarn zu befassen. Die Kinder können fast alle Bedürfnisse alleine stillen. Es wird selten verlangt, im Kontext mit anderen etwas Neues zu schaffen. Hier beginnt bereits die Vereinzelung, die sich in der Jugend und den späteren Lebensabschnitten fortsetzt ...«[14] Die Wertigkeit der Spielgeräte und -möbel für den privaten Garten könnte durchaus darin liegen, zum kommunikativen Spiel aufzufordern, mehrere Kinder einzubinden, zum Experiment und Rollenspiel einzuladen und einen Gegenpol zu den Spielmöglichkeiten in öffentlichen Bereichen zu bieten.

Sicherheit

Gestaltungskriterium und Dienstleistung Wer auch
immer Spielgeräte baut, muss die einschlägigen Normen einhalten, will er sich nicht mit unüberschaubaren Forderungen im Schadensfall konfrontiert sehen.

DIN EN 1176 Teil 1 Allgemeine sicherheitstechnische
Anforderungen, in den weiteren Teilen besondere
sicherheitstechnische Anforderungen, Teil 2
Schaukeln, Teil 3 Rutschen, Teil 4 Seilbahnen, Teil 5
Karussells, Teil 6 Wippgeräte. Teil 7 behandelt
separat die Anleitung für Installation, Wartung
und Betrieb.
Im Jahr 1998 veröffentlicht, sind 2002 bereits
Ergänzungen hinzugekommen.

DIN EN 1177 Stoßdämpfende Spielplatzböden,
Sicherheitstechnische Anforderungen und
Prüfverfahren, 1997 erschienen und 2001 ergänzt.

DIN 18034 Spielplätze und Freiräume zum
Spielen – Anforderungen und Hinweise für Planung
und Betrieb, Ausgabe 1999.

Inhalt der Normen ist aber keineswegs, von vornherein alle Spielrisiken auszuschließen. Geräte mit zu
hoher Berücksichtigung von Spielgefahren mindern
den Reiz.

Vermieden werden sollen alle Gefahren, die Kinder nicht erkennen können – bis zu einem gewissen
Grad ist dies natürlich vom Alter abhängig. Kinder
müssen nicht vor Gefahren geschützt werden, die
sich bei völlig bestimmungswidriger Nutzung ergeben, rein theoretisch (ergo recht unwahrscheinlich)
möglich sind oder aber nur zu kleinen Verletzungen
wie Schürfwunden oder blauen Flecken führen können. Diese fördern die Lebenserfahrung.

So viel Sicherheitsvorkehrungen wie nötig, so wenig
Spielbegrenzung wie möglich bedeutet für die Spielgeräte:

Sind sie **aus Holz**, müssen sie splitterarm sein, aus
anderen Materialien splitterfrei.

Spitze und scharfkantige Teile sind nicht zugelassen,
auch nicht im direkten Umfeld von mindestens
1,5 m, um zu vermeiden, dass ein Kind auf sie
stürzen und sich verletzen kann.

Überstehende oder gar wieder austretende
Befestigungsmaterialien wie Schrauben und Nägel
sind ebenfalls nicht zugelassen.

Unter den Geräten sollten **falldämmende Materialien**
verwendet werden, deren Wahl nicht zuletzt von der
Fallhöhe abhängig ist.

Handlauf oder Geländer in einer Höhe von 85 cm sind
bei Höhen über 1 m erforderlich, es sei denn, ein weicher Boden wird unterlegt, dann kann je Fallhöhe die
Absturzsicherung etwas niedriger sein (in DIN prüfen).

Spielbereiche als Ganzes müssen insbesondere gegen Straßenverkehr abgeschirmt werden. Idealerweise mit Büschen, denn Zäune werden zumeist als
ein Verbot betrachtet und fordern so zu Gegenreaktionen heraus. Ein Schutzzaun muss mindestens 1 m
hoch sein, Schutzgitter bei Ballspielbereichen mindestens 4 m.

Werden in einem Spielbereich Zäune angebracht,
die zur Gliederung dienen und keine Schutzfunktion
haben, so können sie erweiterte Funktion erhalten
und zum Klettern, Sitzen und Balancieren einladen.

Die Sicherheit bei Geräten und Plätzen darf nicht
zum Selbstzweck werden. Denn die Herausforderung
und der Nervenkitzel werden von Kindern durchaus
gesucht und gebraucht. Wie sonst kann man lernen,
die Gefährlichkeit einer Situation abzuschätzen,
wenn selbst kleine Erfahrungsräume nicht zur Ver-

Der Balken –
ein variables Spielgerät für
phantasievolles Spielen.

fügung stehen. Oder soll das Zuhause so sicher sein, dass Freizeitpark, Erlebnisbad mit Riesenrutsche oder gar Bungee-Jumping diese Lernaufgabe übernehmen müssen? Gefährlich ist die Umwelt für unerfahrene, ungeübte und unwissende Kinder. Je höher der Spielwert, umso wissender werden die Kinder sein.

Werden die Spielgeräte von kleineren Kindern genutzt, dürfen Lauben, Rankgerüste, Spaliere und andere Bauten keine Klettermöglichkeiten bis in die Höhe von 1 m bieten. Sie sollen nicht in Höhen klettern können, die sie nicht beherrschen.

Sicherheit könnte zu einem Dienstleistungsangebot werden. Alle Spielgeräte und Spielbereiche mit Sicherheitsaspekten müssen regelmäßig von den Betreibern kontrolliert werden, ob sie noch in Ordnung sind, an welchen Stellen Ergänzungen oder Reparaturen notwendig sind und wo welche beweglichen Teile frisch geschmiert werden müssen. Empfohlen wird, diese Wartungen zu protokollieren. Für Handwerksbetriebe könnte sich hier eine Dienstleistung anbieten: Die Wartung verlangt Sachkunde und Kenntnis des neuesten Stands der Sicherheitsanforderungen. Als Dienstleistung mit einem Festsatz der Verrechnung könnte diese Kontroll-Wartung angeboten werden.

Spielgeräte, Spielorte und Spielideen

Überdachung der Spielorte Bei schönem Wetter lässt sich gut im Freien spielen, für sonnige und auch für feuchte Tage wäre eine teilweise Überdachung ideal.

Nicht nur für den Gleichgewichtssinn Ein Vierkantbalken in Stufenhöhe ist bereits ein vielfältiges Spiel-

gerät. Denn er erlaubt, das Balancieren zu üben, bespielt wird er aber noch in anderer Art: Puppen sitzen darauf, Kinder plaudern hockend, Autos fahren drüber, Objekte werden festgebunden, er ist Orientierungslinie für Ballspiele, Hüpfspiele …

Wasser Mit Wasser lässt sich in der Wohnung höchstens in der Badewanne spielen. Im Garten sind die Möglichkeiten wesentlich zahlreicher. Da können dann kleine Boote schwimmen, mit denen die Playmobil-Männchen auf Tour gehen; da werden Landschaften gebaut oder Wasserexperimente durchgeführt. Geeignet wäre ein Behältnis wie ein Bottich mit Wasserzulauf. Denkbar wäre es auch, eine Spiel-Wanne mit niedriger Aufkantung z. B. in Tischhöhe zu entwickeln. Warum nehme ich da nicht einfach ein Planschbecken aus Plastik, das ist billiger, steht nicht rum, hat weniger Gewicht und lässt sich auch leichter säubern? Mag sein, aber in einer Holzwanne kann man unbeschwert auch mit spitzen Steinen spielen, das Auto kann in dem See verschwinden und am Seegrund schlagartig wenden, ohne dass der ein Leck hat und die Holzwanne übersteht auch Pauls Raketenangriffe.

Klettergerüste Ein Klettergerüst oder ein Schaukelgestell ist funktional gehalten. Zu Rollenspielen anregen können Geräte, die Assoziationen an Schiff, Lastwagen, Zug oder Ähnliches wecken. Doch Achtung: Allzu häufig sind die Geräte dem Original zu ähnlich. So genau ist das nicht gefragt; denn aus der Lokomotive muss auch einmal ein Haus werden können, aus dem Schiff die Sesselbahn des Urlaubsortes.

Faltgestelle und Gerüste Wer dem Gestell für die Schaukel eine Decke überlegen will hat vielleicht ein Problem: die Decke ist zu klein, das Gestell zu groß,

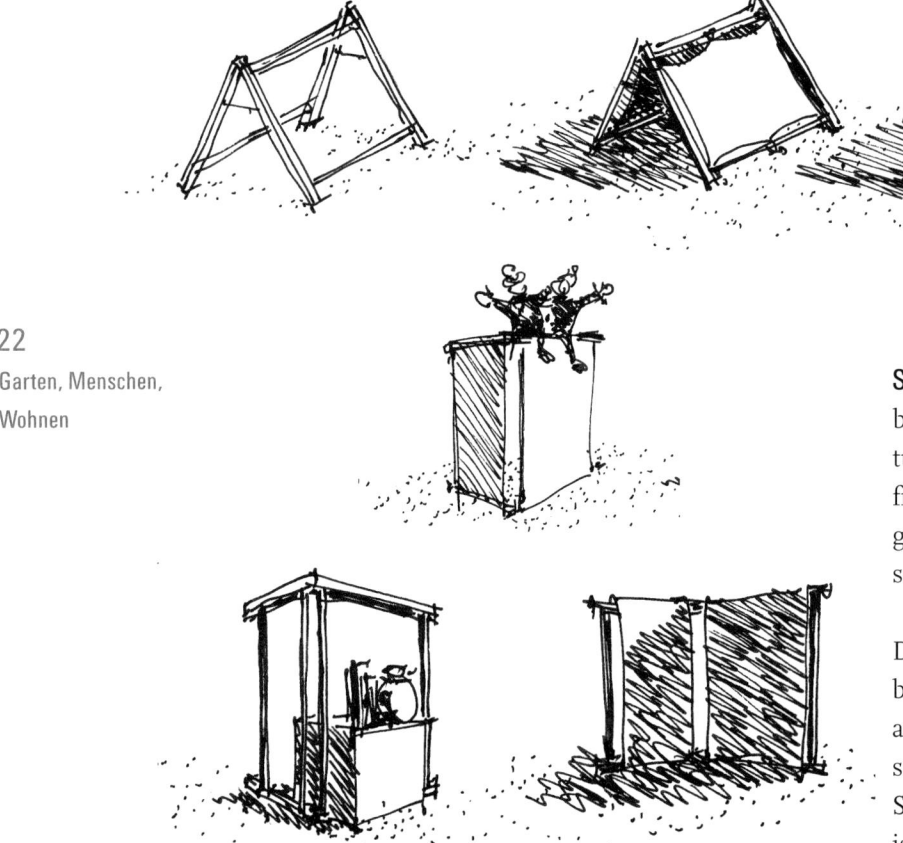

Ein einfaches, aber vielseitiges Spielgerät: das Faltgestell

dabei wäre es so schön, sich darunter verkriechen zu können.

Mit Faltgestellen ließen sich solche geheimen Rückzugsorte bauen. Diese Orte sind durchaus notwendig; hier können Kinder spielen, ohne das Gefühl zu haben, beobachtet zu werden, und etwas beratschlagen, Geheimnisse erzählen, den weiteren Spielfortgang festlegen oder auch etwas vor anderen Kindern verwahren.

Diese Gestelle bieten sich aber auch für Rollenspiele an: Sie können Laden oder Haus sein und auch als Kasperlebühne verwendet werden. Leicht zu bedienen müssen sie für die Kinder sein. Der Stoff lässt sich mit Schnüren, Druckknöpfen, Reißverschlüssen oder Wäscheklammern fixieren.

Spielhäuser und Baumhäuser Spiel- und Baumhäuser bieten hervorragende Spielmöglichkeiten. Bauanleitungen für solche kleinen Häuschen sind leicht zu finden, aber für manche Kinder und vor allem etwas größere ist es auch spannend, sich solche Unterschlüpfe selber zu bauen.

Holzbetriebe könnten hier Angebote machen. Denn manche Bretter, Kanthölzer und Platten bleiben in der Werkstatt vom Zuschneiden für Kundenaufträge übrig, die aber noch lang und groß genug sind für kleine Ausguck-Platten, Hütten und anderes. Sie meinen, das bringt kein Geld, weil es kein Auftrag ist? Die alten Schreiner sahen das pragmatischer und fertigten im Herbst gar Drachenstäbchen. Wer solchen Service heute bietet, kann es unter Kundenbindung verbuchen. Denn über Sachspenden sprechen Kinder auch zu Hause am Abendbrottisch, und so erfahren die Eltern von dem prima Schreiner. Oder aber die Jugendlichen schauen dann doch noch mal ganz genau in die Werkstatt, um Jahre später als Auszubildende dort lernen zu wollen.

Die Frage ist nur, wie die Jugendlichen von dem Angebot mit den verfügbaren Holzresten erfahren. Ein Schild an das Werkstatttor mit dem Angebot muss ausreichen.

Gärten für Aktive

Allgemeine Anforderungen

Ein paar meiner Nachbarn sind mit Anfang 50 in den Ruhestand gegangen. Zwar gönnen sie sich manches geruhsame Kaffeestündchen genussvoll auf dem Balkon, doch ansonsten wirken sie zumeist sehr geschäftig und kümmern sich um das halbe Wohnviertel. Andere in diesem Alter legen noch mal richtig los und übernehmen neue Verantwortungen in ihren Jobs. Die sieht man dann kaum unter der Woche zu Hause. Und als wir während eines unserer Ostseeurlaube einkaufen gingen, trafen wir eine Gärtnerin, die eine ganz andere Lebensgeschichte hatte. Ursprünglich lebte sie in Hamburg, hatte dort aber ihren einträglichen Beruf an den Nagel gehängt und begann nun noch einmal von vorne – verwirklichte sich mit Pflanzenzucht und -verkauf einen alten Jugendtraum. Viele in diesem Alter sind stolze und ständig abrufbereite Großeltern, andere sind froh, ihre Kinder auf eigenen Füßen zu wissen und gehen auf Weltreise. Wer zu Hause bleibt, beginnt vielleicht, sich verstärkt um seine Gesundheit zu kümmern und geht joggen. Oder spielt Golf, jetzt kann er es sich leisten.

Wessen Kinder den Haushalt verlassen haben, der nutzt häufig diesen Zeitpunkt, um sein Haus und damit auch seinen Garten kräftig umzukrempeln und auf die neue Lebenssituation auszurichten. Angenehmer als vorher soll es sein. Nun endlich unberührt von den Rücksichten auf Kinderwünsche allein auf die eigenen Interessenslagen ausgerichtet. Gar neue Tätigkeiten werden angefangen. Aufbruchstimmung kann auch im Garten sein. Baumhaus tauscht mit Kaffeepavillon. Sandkiste weicht Leseliege im Duftparadies, der Schmetterling umrundet Glasvitrinen mit exotischen Pflanzen. Duftende Pflanzen werden gesetzt, ein Teich angelegt, ein Sitzhäuschen in einer ruhigen Gartenecke aufgestellt. Später taucht dann

In einem Sitzhäuschen lässt sich der Garten in Ruhe genießen.

manches Kinderspielgerät wieder auf, in Edelausführung für die Enkel. Aber zunächst schüttelt der Garten sein bisheriges Aussehen ab und rüstet sich für die nächsten zwanzig Jahre. Diese Zeitintervalle schaffen gute Holzkonstruktionen locker. Gartenprodukte für Lebensabschnitte, dafür ist Holz ideal.

Die Zielgruppe der in der Lebensmitte lebenden Menschen ist überaus unterschiedlich. Die Lebensgeschichten und sozialen Einbindungen gehen ebenso weit auseinander wie die Aktivitäten und Vorlieben, wie finanzielle Möglichkeiten und gesundheitliche Verfassungen. Der eine ist mit 50 recht eingeschränkt

Merkmale für das Anbieten von Produkten:

Gute und bequeme **Einkaufswege**.

Einkaufen soll Spaß machen und keine Last sein: Das bestimmt die **Lage des Ladens**, seine Öffnungszeiten und sein Serviceangebot.

Das **Informations- und Weiterbildungsbedürfnis** sollte kompetent befriedigt werden; manch einer hat enorme Vorkenntnisse und erwartet vom Fachpersonal eine entsprechend noch weiter ausgeprägte Fachkenntnis.

Kunden sind dynamisch, kauffreudig, anspruchsvoll. Darauf sollte das Verkaufsgespräch ausgelegt sein.

Die **Serviceleistungen** um das eigentliche Produkt bestimmen den Gesamteindruck der Qualität: Der Kunde soll in seinem Wunsch, individuell zu kaufen, bestärkt werden.

Merkmale von Produkten für Aktive:

Ausgeprägte Orientierung auf **Wünsche** und Bedürfnisse.

Produkte abgestimmt auf Fähigkeiten, Kompetenzen und Wohlbefinden.

Produkte mit hohen **Qualitätsmaßstäben** in Bezug auf Material, Konstruktion und Gestaltung.

Wenn die **Leistung** stimmt, wird auch mehr bezahlt.

beweglich, der andere mit 80 ständig aktiv. Aber täuschen wir uns nicht. Wie unterschiedlich die Menschen mit ihren 7 × 7 Lebensjahren und mehr auch sein mögen, mehrere Aspekte haben die meisten gemeinsam:

Die Grundbedürfnisse wie Wohnung/Haus/Haushalt sind gesichert, die ›Nestbauphase‹ schon jahrzehntelang abgeschlossen.

Finanzielle Polster erlauben Veränderungen, die diese Altersgruppe sich dann gönnt, wenn sie es benötigt oder wünscht.

Sie haben Erfahrungen mit Produktnutzen und Konsum.

Sie kennen das Prinzip Kaufen und Verkaufen.

Qualität rangiert vor dem Preis.

Sie sind in ihr Umfeld integriert.

Die persönliche Einzigartigkeit und Individualisierung werden genossen.

Die Stärken dieser Käufer sind: Das Kaufverhalten ist trainiert, leere Versprechungen werden schnell als solche erkannt und abgelehnt. Man weiß was man erwarten kann und steht nicht unter Kaufdruck. Wer mit diesem Hintergrund auftritt erwartet solide Beratung und souveräne Kaufangebote. Zudem ist er empfänglich für ein Kaufumfeld, das ihm entgegenkommt, er nimmt gerne Zuvorkommenheit und umfangreiche zusätzliche Serviceleistungen an – die er dann auch honoriert. Ist das Angebot an entsprechend hohen Qualitätsmaßstäben orientiert, darf es gerne ein paar Euro mehr kosten.

Der Preis steht nicht mehr im Vordergrund. Dafür werden aber Qualität bei den Produkten, bezogen auf Konstruktion, Benutzerfreundlichkeit bis hin zu Reinigungsfähigkeit, verlangt. Genau wie hochwertige Materialien, gute Verarbeitung und stilvolle Produktgestaltung markante Qualitätsmerkmale sind, die von manchem gewünscht werden, der in den vorhergehenden Jahren erleben musste, wie unter Kinderansturm die Möbel zu Bruch gingen. Diesen Abrieb vor Augen werden nun Qualitätsprodukte gekauft. Denn Qualität steht für Genuss.

Produktanforderungen

Wirtschaftliche Situation Zwischen dem 55. und 59. Lebensjahr verändern sich die Aufwendungen für das Wohnen im Verhältnis zum Einkommen überaus deutlich. Gaben Mieter bis dahin rund 18 % ihres Nettoeinkommens für Wohnung oder Haus aus und hatten damit auch finanziellen Spielraum für weitere Aktivitäten, so werden daraus in wenigen Jahren stolze 28 %. Solche markanten Veränderungen bemerken die Eigentümer von eigengenutzten Häusern oder Wohnungen kaum. Denn wer in dieser Altersstufe ist hat in der Regel die größten Schulden bezahlt und übrig bleiben für ihn lediglich die Aufwendungen und Rücklagen für möglicherweise auftretende Instandhaltungen. Dafür waren bei ihm die finanziellen Ressourcen zu Beginn der Berufstätigkeit wesentlich stärker auf Wohnen ausgerichtet, bei manchen weit über ein Drittel des Nettoeinkommens.

Die sprunghaft ansteigende höhere prozentuale Belastung bei den Mietern ergibt sich ganz einfach durch den zumeist bis zum 60. Lebensjahr begonnenen Ruhestand, der zwar mehr Freizeit, allerdings auch ein kleineres Nettoeinkommen mit sich bringt.

Grundlegende finanzielle Sorgen stehen in der Alterstufe um 60 kaum im Vordergrund. Laut einer Umfrage von Infratest im Jahr 2002 für die Stuttgarter Zeitung beurteilen drei Viertel dieser Alterstufe ihre finanzielle Situation mit »sehr gut« oder »gut«.

Allerdings wird von insgesamt einem Drittel befürchtet, das könnte sich zum Schlechteren ändern. Wesentlich mehr Anlass zu großer Sorge gibt die Angst vor Pflegebedürftigkeit, diese treibt 61 % um, sowie die Angst vor Kriegseinbruch, hier 49 %. Demgegenüber stehen Angst vor finanzieller Verschlechterung mit 33 % und Angst vor Einsamkeit mit 23 % deutlich zurück. Allerdings nimmt die Angst vor Einsamkeit mit dem Alter zu.[15]

Die heute 60-Jährigen haben zum einen gut verdient, zum anderen auch gut gespart. Aber abweichend zu ihrer Elterngeneration wollen sie das Geld durchaus auch ausgeben.

Gartenpavillons sind ein schöner und gemütlicher Aufenthaltsort, wie können heutige aussehen?

Die bedürfnisorientierte Gestaltung

Das Gesundheitsbewusstsein ist gestiegen: Zu Beginn des zwanzigsten Jahrhunderts lag die durchschnittliche Lebenserwartung bei 45 und 48 Jahren. Insgesamt leben die Menschen heute länger: Männer bis 75 Jahre und Frauen bis 81 Jahre. Zukünftig könnten sich diese Erwartungen sogar um noch mal knapp vier Jahre verlängern. Das längere Leben kommt gepaart mit einer höheren Aktivität im Alter daher: Das biologische Alter hat sich verschoben. 70-Jährige heute sind verglichen mit Gleichaltrigen vor 30 Jahren um fünf Jahre jünger. Sie sind selbständiger und auch aktiver im Leben verankert. Dahinter stehen sicherlich mehrere Aspekte.

Einer davon dürfte ein gestiegenes Bewusstsein für Gesundheit und gesundheitsbewusste Lebensführung sein. Die Empfehlung von Altersforscher Andreas Kruse, Heidelberg, lautet dann auch: gesundheitsdienliche Lebensweisen entwickeln und krankheitsfördernde vermeiden.[16] Diese Haltung werden sich bereits 50-Jährige zu eigen machen,

wenn sie es nicht schon getan haben. Gesundheitsbewusstsein als Vorsorge und auch weil es einfach Spaß macht, sich sportlich zu bewegen, sich mit ausgewählter Ernährung wohl zu fühlen und schließlich in einer Umgebung zu wohnen, die dies umsetzt und auch signalisiert.

Der Schreiner hat also in seiner Kundschaft eine Altersgruppe mit äußerst differenzierten Verankerungen in der Erwerbssituation, ihre Erwartungen werden entsprechend verschieden sein. Die Gruppe der Kinder und Jugendlichen wirkt dagegen recht homogen. Für Produktangebot und Produktentwicklung ergeben sich ganz signifikante Aspekte.

Schatten durch Stoffe in Haltesystemen

Was kann das in der Umsetzung bedeuten? Eines haben alle Menschen mit Zeit und Geld gemeinsam: Sie wollen den (Garten-)Raum, den sie sich geschaffen haben, so gut und oft wie möglich nutzen. Die einen werden häufig Gäste zu sich einladen, andere werden in ihrer Freizeit alte Hobbys pflegen. Für jedes Bedürfnis gibt es den Bedarf an Produkten, die den individuellen Wunsch unterstützen.

Wer Geselligkeit liebt wird Produktangebote schätzen, die ideale Orte und Möbel für ein gemütliches Zusammensein herausstellen: Tische und Stühle natürlich, aber auch Sessel und Ablagemöglichkeiten. Bevorzugt werden sicherlich Orte im Garten, die vor unangenehmen Witterungseinflüssen schützen, die aber angenehme Luft und wohltuende Düfte durchlassen.

Wer Produktideen anbieten will wird gar Möbel und Geräte ersinnen, die zur Kommunikation herausfordern, an denen gemeinsam gespielt werden kann und die ein gemeinsames Erleben und Arbeiten ermöglichen.

Das Gesundheitsbewusstsein kann Programm sein für Schreiner und führt konsequenterweise zu neuen Angeboten: Die komplette Sammlung von Gerätschaften der Trimm-dich-Pfade im Wald lassen sich im Privatgarten nicht unterbringen. Aber ein pfiffig entwickeltes Gerät kombiniert vielleicht mehrere sportliche Möglichkeiten. Wie kann eine Fläche für Sport und wie können Geräte z. B. für Langlauf und anderen Ausdauersport aussehen?

Wer sein Hobby mit professionellem Eifer betreibt braucht einen Ort und die entsprechende Ausstattung: Der Hobbyschreiner seine Werkbank, die Hobbymalerin ihre Staffelei, der passionierte Leser einen bequemen Liegestuhl mit Ablagefläche für Bücher und Zeitschriften. Bei den Beschreibungen für Möbelangebote im Kapitel mit Möbeln lassen sich vielfältige Impulse finden. Wenn es für diese Ideen dann noch das Gartenhaus, den Sitzplatz unter Bäumen oder die Terrasse gibt, wird der Kunde sich im Sommer hochzufrieden seinem Hobby im Freien widmen.

Gärten zur Erholung

Gestaltungskonzepte

Es gibt viele »ältere« Menschen, die die meiste Zeit auf Reisen verbringen. Sie haben den ersten Teil ihres Lebens überwiegend zuhause verbracht und nutzen jetzt Zeit und Wohlstand, um die Welt kennen zu lernen. Es gibt aber ebenso viele Menschen, die haben ein anstrengendes Berufsleben mit vielen Dienstreisen hinter sich.

Diese Menschen freuen sich auf ihr Zuhause und investieren in den häuslichen Komfort. Sie gestalten ihre Häuser und Gärten nach unterschiedlichen Kriterien, berücksichtigen aber sicherlich dabei ihren Wunsch, »sich für den Lebensabend« einzurichten.

Im »Dritten Bericht zur Lage der älteren Generation«, herausgegeben vom Deutschen Bundestag[17], werden folgende Ziele für die kommenden Jahre formuliert:

An diesen Zielen müssen Produkte und Gestaltungskonzepte orientiert sein:

Den Verbleib älterer Menschen in ihrer **vertrauten Umgebung** und Wohnung so lange wie möglich zu sichern,

die **Selbständigkeit, selbstbestimmte Lebensführung** und gesellschaftliche Mitgestaltung älterer Bürgerinnen und Bürger zu sichern und auszubauen,

die **Hilfe zur Selbsthilfe** zu gewähren,

die Möglichkeit des **Zusammenlebens aller Generationen** soweit möglich zu fördern,

das städtebauliche Instrumentarium und wohnungsbezogene Maßnahmen mit **sozialen Programmen** zu verbinden.

Gestaltungsrichtlinien

Viele Untersuchungen zeigen, dass ältere Menschen mehr als drei Viertel des Tages zu Hause verbringen. »Zu den am häufigsten ausgeübten Freizeitaktivitäten älterer Menschen zählt das Lesen von Zeitungen, Zeitschriften und Illustrierten, das Fernsehen, Radiohören und das Spazierengehen sowie die Gartenarbeit und der Kirchenbesuch. Eher wenige ältere Menschen besuchen hingegen das Theater, das Kino, Konzerte, Ausstellungen oder Vorträge, üben bezahlte Nebenarbeiten oder ehrenamtliche Tätigkeiten aus, oder malen und musizieren.«[18] Wichtigstes Bestreben in den gestalterischen Bemühungen ist dabei die Orientierung an »barrierefreiem« und nicht »altersgerechtem« Wohnen. Zum einen, um eine Stigmatisierung zu vermeiden, zum anderen da barrierefreies Wohnen den Komfort auch für andere Menschen erhöht.

Zu beachten sind darum vor allem folgende Kriterien:

Beseitigung von Stolpergefahren: Lose herumliegende Teile, hervorstehende Teile und Schwellen bilden Unfallgefahren für jedermann.

Höhendifferenzen durch Rampen überwinden, dann lassen sich auch Kinderwagen, Schubkarren, Fahrräder usw. leichter z. B. ins Haus schieben.

Standsichere Möbel und Geräte sind im Garten generell wichtig, da sonst der Wind zu leichtes Spiel hat.

Gute Lichtverhältnisse und Beleuchtung: Je lichter und luftiger und damit trockener die Umgebung ist, umso weniger sind die Holzteile dauernder Feuchtigkeit ausgesetzt und können Schaden nehmen, wie z. B. Pilze ansetzen.

Eine Beleuchtung erhöht die Nutzungshäufigkeit von Terrasse, Weg und anderen Einrichtungen im

Garten. Eine extreme Verschattung von Stufen erhöht für alle die Unfallgefahr.

Handläufe zum Abstützen laden viele Menschen ein zum Verweilen und Plaudern, außerdem können Taschen etc. angehängt werden.

Aufstellung von Bänken: Sie bieten sich zum Verweilen und Ausruhen an – sicherlich ein angenehmer und wichtiger Aspekt des Garten-Wohnens.

Kommunikationsorte und ausreichende Bewegungsflächen schaffen: Sie ermöglichen überhaupt erst, den Garten zum Wohnen zu nutzen.

Platz und Ablagen um Sitz- und Liegemöbel: sie erhöhen wesentlich den Komfort und bringen uns »dem Paradies ein Stückchen näher«. Wohin denn sonst mit der Kaffeetasse?

Rutschhemmende Beläge und ausreichend breite Wege: Auch dies ist für jedermann angenehm.

Grundsätzlich sollte die private Außenanlage folgende Anforderungen erfüllen: Schutz vor Regen, Schnee und Sonne – Schutz vor Wind – Schutz vor Einblick.

Eine besondere Idee, die weniger mit Barrierefreiheit, aber dafür mit mehr Komfort zu tun hat, ist die Anlage von Hochbeeten. Sie eignen sich besonders für Menschen, deren Bewegungsfähigkeit eingeschränkt ist. So liegt aus dem Rollstuhl heraus der Greifbereich in der Höhe zwischen 40 und 140 cm. Ein Hochbeet erlaubt zumindest in Grenzen, sich um die Pflege der

Beete zu kümmern. Sie dürfen allerdings nicht zu tief sein, denn in etwa 60 cm Tiefe hört der Aktionsraum auf. Sind diese Beete noch mit blühenden oder duftenden Pflanzen versehen, regen sie den Seh- und Geruchssinn an: »Nicht nur auf Blinde üben Duftpflanzen einen besonderen Reiz aus. Neben zahlreichen Küchenkräutern, Rosen, Schlingpflanzen sind auch manche Sträucher oder Bäume als Duftpflanzen bekannt.«[19] Beispielpflanzen: Lavendel, Bergbohnenkraut, Grünes Heiligenkraut, Weinraute, Thymian in Sorten, Sommerflieder, Falscher Jasmin. Die Positionierung einer komfortablen Gartenliege inmitten einer Blumen- und Duftinsel – als Beet, Hochbeet oder Kübelpflanzen – bietet mehr als einen angenehmen Aufenthaltsort. Ist die Liege dann noch etwas höher, damit man sich problemlos hinsetzen und wieder aufstehen kann, und die Ruhestätte zudem noch mit einer Ablagefläche für die Lesebrille und das Buch ausgestattet, ist das Glück perfekt.

Insgesamt stellt sich die Frage, ob vorhandene Gärten, deren Pflegeaufwand von den älter gewordenen Hausbewohnern nur noch mit großen Schwierigkeiten geleistet werden kann, nicht mit relativ geringen Eingriffen umgerüstet werden können.

Ein dichteres Wegenetz und mehr Aufenthaltsfläche laden zum Verweilen ein und vermindern die Pflegefläche.

Vom Produkt zum Kunden

Kunden-Kommunikation
und Vertriebskonzeptionen

In der Tat, ein neuer Markt ist entstanden. Wohnen findet überwiegend im Haus statt, doch in unserer Zeit ist der Garten als Zweit-Wohnort hinzugekommen. So ausgeprägt war dieses Faktum bislang noch nie, zumindest nicht für die breite Bevölkerung.

Käufer von Tischen haben vor der Bestellung einiges abgeklärt. Sie haben einen Bedarf festgestellt und wollen den Tisch für Essen, Spielen, Schreiben oder dergleichen. Sie haben einen Ort freigeräumt in der Wohnung um ihn aufzustellen und der Ort eignet sich auch für längere Aufenthalte. Sie haben Geld oder zumindest eine Finanzierungsmöglichkeit. Sie wollen überhaupt kaufen und haben auch Zeit für den Tischkauf. Sie fanden einen Tischverkäufer oder Tischhersteller.

Gerade so ist es auch mit den Gartenmöbeln und Garteneinrichtungen.

Der Ort Nur wer einen Garten oder Freibereich nützen kann, der braucht Gartenmöbel. Was sich so logisch anhört ist gar nicht selbstverständlich. Ein Blick in die Architekturgeschichte und wir sehen, dass es den Idealen einer Gartenstadt und der Städtebaupolitik in den letzten Jahrzehnten bedurfte, damit heutige Wohnhäuser von Gärten umgeben sind. So viele Freibereiche in direktem Zusammenhang mit Wohnen standen noch nie zur Verfügung. Jetzt, da das Grundbedürfnis nach geschütztem Wohnraum weitgehend befriedigt ist, können weitere Interessenslagen ausgebaut werden.

Der Bedarf Solange Gärten genutzt wurden für die Verpflegung der Familie, konnten darin weder großzügige Sitzbereiche noch Museorte gebaut werden. Der Platz war für den Kohlkopf reserviert und die Zeit wurde für seine Pflege verwendet. Als dann der Garten zum Ziergarten wurde, saß und lebte auch kaum jemand wirklich frei darin. Rosen, Dahlien und Zierrasen bestimmten den Garten und behaupteten den Platz. Aufenthalts- und Lebensbereiche im Garten kann es in größerem Umfang erst geben, wenn der Garten zum Wohngarten wird, der Hof zum Wohnhof oder Balkon und Terrasse zu mehr werden als zum Frischluftaustritt.

Die Chancen dafür stehen gut. Wer beruflich ausschließlich in Innenräumen arbeitet freut sich auf den Ausgleich an Frischluftorten, allerdings mit dem entsprechenden Komfort. Viele Freizeitaktivitäten finden im Freien statt, das muss nicht immer sportliche Aktion sein. Gartenarbeit und Gartenaufenthalt sind für viele Menschen schon ein Wert für sich und erfreuten sich hoher Akzeptanz.

Zeit ist mehr als früher vorhanden, denn die wöchentliche Arbeitszeit ist im Vergleich zu früheren Epochen durchschnittlich gesunken. Neue Arbeitszeitmodelle erlauben auch während der Woche, den Garten zu genießen. Derjenige, dessen Zeitbudget knapp bemessen ist, der aber dennoch den Ausgleich im Freien sucht, dessen Bereitschaft für einen Kauf mag größer und die Ansprüche höher sein.

Die Voraussetzungen sind nicht schlecht für ein Marktsegment »Gartenwohnen«. Und wer die Zahlen der einschlägigen Messen mit denen anderer Branchen vergleicht mag da durchaus positive Momente finden.

Deutlich zum Ausdruck kommt dabei aber auch ein gewachsener Anspruch, denn mit dem kleinen Blechgrill sind die meisten Bedürfnisse nicht mehr zu befriedigen. Wessen Grundbedürfnisse finanziell abgesichert sind, der investiert in diesen Bereich durchaus etwas mehr. Das heißt, der, der es sich leisten kann, möchte Spezialangebote. Und den entsprechenden Service.

Produktangebot

Wie groß die Produktpalette ist und welche Produkte angeboten werden können zeigt schon das Inhaltsverzeichnis dieses Buches. Während einige klassische Möbel wie Tische, Stühle und Hängemöbel in jedem Garten zu finden sind, stellen sich eine ganze Reihe weiterer Möbel als zielgruppenspezifische Produkte dar. Freizeitaktivitäten, Interessenssituationen und Bewegungsmöglichkeiten bieten vielfältige Ansatzmöglichkeiten für Produktentwicklungen. Sie lassen sich in zwei Gruppen gliedern: ortsverbundene Produkte wie Wege, Terrassen und Wände etc. sowie mobile Produkte wie Einzelmöbel und Gartenküchen.

Entscheidend ist der Mix bei der Produktpalette. Rom wurde nicht an einem Tag gebaut, eine gewachsene Wohnung auch nicht und ein Wohngarten schon gleich gar nicht. Wer sich Wege und Terrasse anlegen lässt muss noch keineswegs gleich neues Mobiliar kaufen. Und wer Tisch und Stuhl sucht, bekommt vielleicht erst im Beratungsgespräch mit, was er noch alles für einen komfortablen Gartenaufenthalt brauchen kann. Da ist es von Vorteil, wenn an einem Kaufort all diese Gartenwohn-Themen gleichermaßen behandelt werden, oder zumindest zur Vervollkommnung des Gartens zu seinem späteren Zeitpunkt anregen. Für den Garten-Schreiner heißt das: Mix des Angebotes. Mix auch im weitesten Sinne: Zu den individuell herzustellenden Erzeugnissen wie Weg oder Vitrinenhäuschen werden immer wieder auch Handelsprodukte ergänzend hinzu kommen. Denn gewöhnliche Stühle und Tische sind zu dem Preis, wie sie zugekauft werden können, zumeist nicht selbst herstellbar. Anders ist es dann wieder für Sitzgruppen und Möbel, die an einen speziellen Ort angepasst werden sollen.

Handelsware kann aber auch Accessoires umfassen: Töpfe, Schalen und Werkzeuge wie Spaten, um der Produktpräsentation eine Gartenatmosphäre zu geben. Und außerdem natürlich Polster, Decken, Einspanntücher, Rollos, Vorhänge für Freiland-Haltesysteme als ergänzende Angebote.

Kernstück des Leistungsangebots – Schwerpunkte setzen

Kernstücke des Leistungsangebots werden die Eigenerzeugnisse sein. Terrassen, Wege, Stege und Sitzhäuschen als eher bauorientierte Arbeiten, Sitz- und Liegemöbel, Unterbringungsmöbel und Gartenküchen als eher möbelorientierte Erzeugnisse. Darf die Produktvielfalt im Angebot ruhig recht breit sein – damit die Kunden ein Komplettangebot erhalten können – so verbleiben doch noch eine ganze Menge Spezialisierungsmöglichkeiten. Der eine Betrieb erarbeitet sich Know-how bei Vitrinenhäusern, der andere bei Haltesystemen, für den einen sind Module im Wegbau der Kern des Angebots, oder ein Betrieb setzt seinen Schwerpunkt auf Spielgeräte, ein anderer auf Komfortmöbel mit dem Anspruch, auch für eingeschränkt bewegungsfähige Menschen bequem nutzbar zu sein.

Einen Schwerpunkt z. B. bei Beschattungen zu setzen heißt ja nicht, andere Kundenanfragen wie nach Tischen nicht mehr zu bedienen, sondern bedeutet, besonders intensiv bei Beschattungen aktiv zu sein. Die angebotenen Produktlösungen sind hier besonders vielfältig und werden hervorgehoben im Ausstellungsraum positioniert. Ergänzend gezeigte Waren sind genau daraufhin ausgewählt. Über Fotos, Skizzen, kleine Filme oder Computeranimationen werden die Fragen von Sonne und Schatten den Kunden als Gesamtthema aufgezeigt. Technische Neuentwicklungen, mögliche Impulse und Diskussionen in Politik und Öffentlichkeit werden eingebunden. Der

Schreinerbetrieb zeigt in seinem Schwerpunktbereich besondere Kompetenz.

In der Werbung und Kundenkommunikation werden Erzeugnisse aus dem Schwerpunktbereich als Kernerzeugnisse thematisiert, so dass der Schreinerbetrieb mittels seiner Kompetenz ein Image und Profil bekommt. Und je nach Aufmerksamkeit der Kunden und auch nach Intensität der Kommunikation bleiben unterschiedliche Informationen im Gedächtnis zurück:

> es ist eine Schreinerei,
>
> die Schreinerei ist im Außenbereich tätig,
>
> die Schreinerei hat Kompetenz bei Beschattungen.

Sie können als Schreiner auch stilistische Schwerpunkte setzen. Und damit diverse Lebensstilgruppen gezielt ansprechen.

Kundenansprache

Wie findet Kundschaft den Weg zur Schreinerei, um eine Terrasse zu bestellen, wenn sie nicht weiß, dass es diese dort überhaupt gibt? Im Zweifel gar nicht, darum geht sie woanders hin. Ergo: In die Subline des Betriebsnamens diesen Tätigkeitsschwerpunkt aufnehmen.

Damit ist der Betrieb identifizierbar. Aber noch lange nicht bekannt und von Kunden gesucht. Darum: Auf sich aufmerksam machen, ins Gespräch kommen, Anlässe nutzen und schaffen, damit über den Betrieb

und seine Leistungsangebote gesprochen wird. Solche Anlässe können per zugesandten Informationen (Mailings) angekündigt werden. Geht der Winter zu Ende fangen die Gartenträume an, sicherlich ein geeigneter Zeitpunkt, um auf Gartenwohnen und damit auf sich selbst aufmerksam zu machen.

Weiterhin ist es wichtig, seine Zielgruppen zu identifizieren. Gartenwohn-Interessierte gibt es viele. Bewohner von Gebäuden mit Gärten gehören genauso dazu wie Besitzer von Gärten für den Wochenendaufenthalt und alle Einrichtungen, in denen Menschen wohnen und leben wie Kindergärten, soziale Einrichtungen, Sanatorien und Hotels. Bauen Sie sich eine Adressendatei auf, in der alle vom Gartenthema betroffenen Menschen und Institutionen erfasst sind. Entwerfen Sie eine Strategie, in der Ihre Kunden-Kommunikation mittelfristig umrissen ist. Eine zweite Datei brauchen Sie um den Beschaffungsmarkt, in dem alle Händler und Betriebe erfasst sind, die Ihnen Materialien, Beschläge oder auch Handelsware zur Verfügung stellen können. Eine dritte Datei könnte zusätzlich noch dazu dienen, die Konkurrenz zu analysieren: Wer ist wie und zu welchen Preisen am Markt aktiv?

Mailings Brief mit Prospekt vermittelt als Mailing durchaus schon eine hohe Wertigkeit. Vor Aussendung wird der Kreis der Angeschriebenen sorgfältig nach Gartenwohn-Gesichtspunkten ausgesucht. Aufgabe des Briefes ist es, auf den Betrieb aufmerksam zu machen und ihn vorzustellen, die des Prospektes, seine Leistungspalette darzustellen und ein interessantes Angebot hervorzuheben. Eine Vorstellung ist ein individueller Akt, darum sollte der Brief auch möglichst persönlich gehalten sein. Kurz und knapp. Eine Seite auf dem Betriebsbriefpapier muss reichen. Der Ansprechpartner des Betriebes unterzeichnet,

Produktplatzierung

Gärtner und Blumenladen
Weil Gartenwohnen und Pflanzen ideal verknüpft sind.

Gartenwirtschaft
Wenn hier die Sitzmöbel durch Möbel mit anderen Funktionen
verknüpft sind.

Metzger und Bäcker
Denn die haben das gute Essen, das in der Gartenküche
gekocht wird.

Fitnessstudio
Ausruhen auf der Schlummerplattform vom Schreiner.

Hallen- und Kurbäder
Ausstattung des Sauna- und Ruhebereichs.

Bauausstellungen
Weil sich Interessenten für Haus- und Gartenbau dorthin begeben.

Freizeitanlagen
Freizeitparks und Parkanlagen werden gut besucht, dort
auszustellen garantiert Aufmerksamkeit.

seine Telefondirektwahl und auch seine E-Mail-Adresse stehen verzeichnet, ein Hinweis auf eine Internet-Homepage ist dabei. Der Prospekt wird nie den Charakter eines Warenkataloges haben, in ihm werden lediglich beispielhaft einzelne Projekte darge-stellt, es wird verzeichnet, welche Handelsware zu er-werben ist, welche betriebliche Philosophie aktuell ist, wer alles dort arbeitet und in welchen Kooperatio-nen der Betrieb mitwirkt. Eine Anfahrtsskizze auf der Rückseite bereitet einen Besuch des Kunden vor. Mit vier Seiten lässt sich schon eine ganze Menge Infor-mation transportieren und die Kosten sind noch über-schaubar. Je nach Konzeption sollte allerdings nach zwei Jahren über eine Aktualisierung nachgedacht werden.

Überaus aktuell und kurzfristig einsetzbar sind betriebliche Postkarten. Auf der Ansichtsseite kön-nen ein bis zwei Bildmotive visuelle Eindrücke ver-mitteln, einzelne Schlagworte mögen erläutern. Der Text auf der Anschriftenseite stellt den Absender und eine aktuelle Leistung vor. Das Handling dieses Mittels ist einfach, die Portokosten niedrig. Der Reiz liegt darin, in einem Jahr mehrere Karten einsetzen zu können. Diese Karten lassen sich auch verwenden, wenn der Betrieb sich bei Ausstellungen und Messen engagiert und den Besuchern eine Erinnerung mitge-ben will, gewissermaßen als bebilderte Visitenkarte. Wenn der Betrieb im Internet vertreten ist, so hat eine Karte mit Internetadresse einen höheren Informa-tionsgehalt als ein Brief mit Prospekt.

Anzeigen Ohne Bildmotiv ist eine Anzeige recht un-scheinbar. Wobei die Anzeige nicht unbedingt ein Foto beinhalten muss, auch eine Skizze, die Zeich-nung einer Gesamtanlage oder auch eines Details eignen sich. Der Text, am besten schlagwortartig, baut sich auf dem Bildmotiv auf. Adresse und alle für die

Kommunikation wichtigen Angaben müssen in je-dem Fall enthalten sein. Nimmt der Betrieb bei einer einmalig erscheinenden Beilage mit einer Anzeige teil, so wird er mit einer einzigen Anzeigenvorlage auskommen. Möchte er verlässlich auf seinen Betrieb aufmerksam machen, so ist es sinnvoll, eine Anzei-genreihe zu schalten. Die Größe der Anzeige kann reduziert werden, wenn sie mit Attraktivität und Witz überzeugt.

Produktplatzierung Eine starke Informations- und Überzeugungskraft haben Originalprodukte. Wer sie sieht kann Funktionalität, Aussehen und weitere ihm wichtige Faktoren direkt prüfen. Oder aber er wird überhaupt erst auf ein solches Produkt aufmerksam, weil das Objekt an diesem Ort so unvermutet ist und weil Anzeigen in der Zeitung und andere werbliche Mittel einfach in der Wahrnehmung ausgeblendet werden. Orte für Produktplatzierungen gibt es viele, allerdings immer in Absprache und Kooperation mit anderen Betrieben und Institutionen. Aber genau darin kann auch der Reiz der Sache liegen. Denn der Kunde benutzt auch nicht das Sitzhäuschen, ohne sich nicht zugleich von Pflanzen und Umgebung ver-führen zu lassen.

Für die Produktplatzierung kann die Kooperation mit anderen Gewerken und Branchen interessant sein, die gleichwohl in einem direkten, aber variierten Zusammenhang mit Gartenwohnen stehen. Die Präsentation des Schreiner-Produktes wird dann immer durch die Präsentation des Angebots vom anderen ergänzt, und dieses Zusammenspiel weckt Assoziationen und Stimmungen.

Die Produktplatzierung ist nicht für ewig. Ein Zeitraum von zwei bis vier Wochen genügt durchaus. Dann kann das Möbel den Platz wechseln und vom Gärtner zum Hallenbad wandern. Ganz Mutige probieren vielleicht noch etwas anderes und mieten sich eine Fläche im Park oder öffentlichen Straßenraum. Oder sie stellen ihre Präsentation auf eine mobile Plattform, die auf Wanderschaft im Ort geht.

Kooperationen Mit Betrieben anderer Gewerke enger zusammenzuarbeiten, um dann gemeinsam ein Projekt zu realisieren, setzt Synergien frei. Gärtner, Maler, Plattenleger, Schlosser – die Liste ist noch lange nicht vollständig – erbringen Leistungen, die für manches Schreinererzeugnis notwendig sein können. Oder der Schreiner gräbt sich die Fundamente für die Terrassenanlage selbst greift bei Beschlägen immer nur auf die im Handel befindlichen zurück. Gemeinsam lässt sich oft mit mehr Power werben.

Ausstellungsraum Das Gespräch mit dem Kunden hat seinen Platz im Ausstellungsraum. Zunächst bietet der eigene Ausstellungsraum einen hervorragenden Ort, im Gespräch mit dem Kunden die Besonderheiten der betrieblichen Leistungsfähigkeit am Objekt zu zeigen und aus alternativen Lösungen eventuell eine geeignete auszuwählen. Die Größe des Raumes ist weniger entscheidend als die Auswahl der Exponate, die durch ihre Vielfältigkeit stimulieren soll und gleichzeitig deutlich macht, dass die Lösung

für den Kunden aus einer Fülle von Möglichkeiten individuell zusammengestellt wird.

Freiflächen vor dem Ausstellungsraum oder Flächen im Gebäude, die in der Regel für Produktion oder Lagerung genutzt werden, können für Aktionen mit zeitlicher Begrenzung hinzugenommen werden, zum Beispiel für Einladungen zu Veranstaltungen im Betrieb.

Die Beteiligung an solchen Veranstaltungen bedarf etwas Erfahrung und einer Menge Engagement. Wer allerdings erwartet, dass eine einmalige Messebeteiligung die Auftragsbücher füllt, wird etwas enttäuscht sein. Die Beteiligung bietet Kontaktmöglichkeiten, Abtasten der eigenen Marktchancen und ist Imagearbeit. Für den Beginn in diesem Metier mag die Beteiligung an einer Gruppenpräsentation interessant sein, wie sie z. B. über Verbände organisiert werden kann.

PR-Arbeit Mit Bildmaterial und guten Texten lässt sich eine fundierte PR-Arbeit beginnen, man kann Kontakte zu Zeitungen und anderen Medien knüpfen – wenn ein Neuigkeitswert in den Informationen steckt, kann das für die Leserschaft durchaus so interessant sein, dass darüber geschrieben wird.

Dienstleistungen

Für gewöhnlich stellt eine Schreinerei Holzprodukte her. Warum sollte das in Bezug auf Gartenwohnen anders sein? Muss es nicht, doch mit Dienstleistungen wird das betriebliche Profil prägnanter, die Angebotspalette breiter und die Kundschaft bekommt einen Rundum-Service, der heute gefragt ist, insbesondere von anspruchsvollen, wohlhabenden Kunden – und nicht zu Unrecht.

Eine Kleinigkeit für den Kunden – Werbegeschenke fördern die positive Erinnerung an den Betrieb.

Beratung Die im Freien einsetzbaren Konstruktionen, Materialien und auch Funktionen von Möbeln und Einrichtungen unterscheiden sich von denen im Innenbereich. Neuland braucht Beratung, gute Beratung ist Kundenbindung.

Von alleine kommt z. B. kein Kunde auf die Idee, Möbel zu bestellen, die so ausgelegt sind, dass sie sowohl im Innenraum wie im Außenraum verwendet werden können – oder dass ein Sitzhäuschen genau zu seiner Lesefreude passt.

Planung Individualisierte Erzeugnisse benötigen Planung. Örtliche Gegebenheiten und Nutzerbedürfnisse lassen Standardlösungen oft nicht zu. Insofern ist Planung Arbeitsvorbereitung.

Montage und Aufbau Individuell hergestellte Erzeugnisse müssen aufgestellt werden. Mancher Kunde wird es auch selber tun wollen und spart dabei Geld, aber Einpassarbeiten und Verankerungen in Boden oder Wände erfordern spezielle Kenntnisse. Für besondere Kunden können auch besondere Montagezeiten vereinbart werden: »Wir montieren Ihren Weg und die Terrasse, solange Sie im Urlaub sind.«

Kundenbetreuung Ist der Auftrag abgewickelt, so kann z. B. über betriebliche Produktinformationen oder die Kundenzeitung der Kundenkontakt weitergepflegt werden. Zur Betreuung der Kunden kann auch ein Produktpass mit Informationen über das verwendete Holz, über Benutzungs-, Pflege- und Wartungshinweisen gezählt werden. In einem Übergabegespräch bei der Abnahme bekommt der Kunde diese Unterlagen überreicht und wird damit immer wieder an den Schreiner erinnert werden.

Prüfung und kleine Wartungen vor Ort Für einige Erzeugnisse und Einrichtungen ist eine regelmäßige Wartung vorgeschrieben, Kinderspielplätze gehören dazu. Dies mag eine Dienstleistung sein, die als eigenständige Leistung vom Betrieb angeboten wird und dann auch als solche abgerechnet werden kann. Wartungsangebote lassen sich auch für andere Freiraumeinrichtungen vorstellen.

Pflege, Reinigung und Aufbewahrung in der kalten Jahreszeit Sportschiffe kommen im Herbst in eine Halle, mancher Gärtner holt die Großpflanzen seiner Kunden und stellt sie über den Winter frostgeschützt in sein Gewächshaus. Bei Möbeln und Einrichtungen im Freien, die von Schreinern kommen, ist so ein Angebot gleichfalls denkbar. Im Herbst werden die Möbel geholt und auf mögliche Schäden untersucht, gerichtet und gepflegt kommen sie dann im Frühjahr wieder an ihren Einsatzort.

Verleih von Mobiliar Was macht ein Kunde, der in seinem Garten oder auf einem großen Grundstück nun endlich einmal alle seine Freunde einladen will, dort allerdings nur Möbel für sechs Personen hat? Ausleihen. Und was macht er, wenn er zum Windschutz große Paravents braucht? Ausleihen. Ein leichtes

Zeltsystem würde gegen Regen schützen – doch woher? Und für die Bewirtung wäre eine Gartenküche samt den wichtigsten Utensilien brauchbar – doch auch da wird improvisiert werden müssen. Es sei denn, der Schreiner würde als Dienstleistung Mobiliar und Einrichtungen zur Verfügung stellen.

Verkauf von ergänzenden Produkten Wie Segler spezielle Läden kennen, in denen sie alles für ihren Bedarf bekommen, so könnte auch beim Gartenwohn-Schreiner alles zu erhalten sein, was benötigt wird: Beschläge, Materialien, Folien, Ergänzungen zum Vorhandenen und auch Lacke, Öle und dafür notwendige Werkzeuge. Hier wird vielleicht auch die Adresse für einen Fachmann weitergegeben oder ein möglicher neuer Auftrag diskutiert.

Koordination mit anderen Gewerken Kunden mit größeren bis großen Um- und Einbauten im Garten haben das gleiche Problem wie innerhalb des Hauses: Zumeist werden mehrere Gewerke benötigt, doch die Zeit und Kompetenz ist nicht immer gegeben, dies in Eigeninitiative zu schaffen. Ein Schreiner könnte als Organisator auftreten und stellvertretend für den Kunden diese Koordinationsarbeit als Dienstleistung übernehmen.

Wissen weitergeben Mancher Laden lädt Kunden ein, um dann über Stricken oder Drechseln, Schmuck oder Kochen zu reden. Für den Schreiner könnte es sinnvoll sein, dass er im Sinne von Kundenbindung Präsentationen und Vorträge über Freiraumaktivitäten anbietet, in Zusammenarbeit mit einem Krankengymnasten über Sportgeräte, mit einem Gärtner, um über Pflanzenzucht in Vitrinenhäusern zu sprechen, oder mit Pädagogen, die auf Spielmöglichkei-

ten im Freien eingehen etc. Wenn er an einem Tag im Dezember einen Vogelhäuschen-Basteltag einlegt, dann gibt es Kinder, die sich ein Weihnachtsgeschenk bauen, und Eltern, die sich sicherlich an seine Aufgeschlossenheit erinnern – Schaffung von Kommunikationsfeldern.

Dreingaben Schreiner wollen anständige Möbel und Einrichtungen bauen. Mit Kleinigkeiten wie ausgesägten und lackierten Figuren, mit Vogelhäuschen und Blumenkästen will keiner seine Zeit vertun – kaufmännisch betrachtet sicherlich zu Recht, denn zunächst ist von solchen Objekten keine Rentabilität zu erwarten. Doch von einer anderen Seite, hinsichtlich eines längeren Zeitraums betrachtet, kann das ganz anders aussehen: Stellen Sie sich vor, der Kunde, der sich für ein Sitzhäuschen entschieden hat, genießt von dort aus den Blick auf eines der Kleinobjekte, die Sie ihm beim Kauf als Dankeschön mitgegeben haben. Er wird nicht nur durch seinen komfortablen Sitzraum gerne an Sie denken, sondern auch visuell ständig an Ihre Schreinerei erinnert – damit fördern Sie die »gute Erinnerung« und binden den Kunden emotional an Ihren Betrieb. Das funktioniert übrigens auch bei potentiellen Kunden, die, wenn tatsächlich Kaufbereitschaft entsteht, sich an den Schreiner wenden werden, der während der Informationsphase nachhaltig – und in diesem Falle sogar greifbar – Eindruck hinterlassen hat.

Übrigens: Die Dreingaben können von den Auszubildenden als Arbeitsproben gefertigt werden – so haben alle etwas davon: Die Arbeitsproben erhalten einen innerbetrieblichen Sinn, der Auszubildende lernt dazu, bekommt seine Erfolgserlebnisse und der Betrieb hat ein neues, kostengünstiges Produkt.

Von der Idee zum Entwurf

Gestaltungsschritte

Auf Stühlen lässt sich nicht nur sitzen Gemeinhin fassen Entwerfer ihr Ziel klar ins Auge und entwickeln ein Produkt für die formulierte Aufgabenstellung. Der Kunde bestellt eine Bank, so soll er diese auch bekommen. Offen ist meist, wie sie genau beschaffen sein soll in Material, Form und Konstruktion. Gefragt sein könnte ein Zweisitzer, ein Fünfsitzer mit Mittelarmlehne oder eine Rundbank um einen Baum.

Eine Abfolge von Arbeitsschritten bringt eine Struktur in die Vielfalt von Fragestellungen, die bei komplizierteren Gestaltungsaufgaben notwendig ist, bei der Bank eben in verkleinertem Umfang, denn ein hochtechnisches Produkt mit Mechanik und Elektronik ist es wohl kaum. Vereinfacht sind es vier Schritte:

> **Impuls und Idee**
> **Recherche**
> **Analyse**
> **Entwurf**

Impuls und Idee Den Impuls für die Entwicklung bringt entweder die Kundschaft, indem sie etwas erfragt, was nicht auf Lager steht, oder aber der Impuls kommt von Schreinern, indem sie sich vornehmen, ein Produkt unabhängig von einem Auftrag zu entwickeln – vielleicht, weil sie in eine Serie einsteigen wollen.

Woher die Produktidee nehmen, wenn sie sich nicht einstellen will? Nun, Ideen dürfte es in diesem Buch genügend geben, andere lassen sich durch aufmerksame Beobachtung menschlicher Verhaltensweisen, Marktbefragungen und Marktbeobachtung finden. Überhaupt finden neugierige Menschen allerorten Impulse, lassen sich inspirieren, sammeln Kataloge, gehen auf Messen und Ausstellungen und erhalten Anregungen auch in zufälligen Gesprächen.

Wer sich all diese Informationen nicht merken kann kommt weiter mit einer Zettelbox, einem Skizzenbuch oder einer Datensammlung in seinem PC.

Recherche Ist die Idee konkretisiert – z. B. eine Bank um den Kirschbaum – so geht es weiter. Welche Materialien kommen in Frage? Wie groß muss sie sein (sitzen Kinder darauf oder ältere Menschen)? Wann wird sie geliefert? Bleibt sie draußen stehen oder soll sie im Winter abgebaut werden – die Konstruktion wäre jeweils eine andere. Gibt es Vorgaben vom Auftraggeber, denn eine Bank für ein Sanatorium, also im halböffentlichen oder gar im öffentlichen Bereich, wird sicher etwas anders aussehen, als wenn sie im Privatbereich steht. Welche Bänke werden auf dem Markt angeboten – und was sind deren Vorteile, was ihre Schwierigkeiten? Probleme vorhandener Produkte können Impulse sein für Neuentwicklungen.

Die Ergebnisse auf diese und weitere Fragen werden zusammengetragen. Je komplexer die Aufgabenstellung, umso zahlreicher die gesammelten Unterlagen: die technischen Vorgaben aus den DIN-Blättern, das Marktangebot von Internet-Recherchen, Messebesuchen oder aus Zeitschriften, die Größenvorgaben aus der Ausrichtung auf die Zielgruppe der Nutzer und dem zu erwartenden Durchmesser des ausgewachsenen Kirschbaums, Material und Konstruktion durch Erfahrungen und betriebliche Möglichkeiten.

Analyse Zwar ist die Analysephase kurz, aber überaus wichtig. Aus all den zusammengetragenen Unterlagen werden diejenigen Vorgaben herausgesucht, die zur Leitlinie für das neue Produkt werden. Nun kann das Briefing, der Anforderungskatalog, geschrieben werden.

In dem Briefing stehen:

die unbedingt zu berücksichtigenden Vorgaben an
erster Stelle,

an zweiter Stelle die wünschenswerten Vorgaben, die
eingeplant werden, so nichts dagegen spricht, und
die in den Kostenrahmen ohne Probleme passen,

an letzter Stelle die Aspekte, die zwar wünschenswert
wären, aber zugunsten anderer Aspekte oder gar des
Kostenrahmens wegen gestrichen werden.

Stellen Sie die Vorgabenliste ruhig schriftlich zusammen. Bei diffizilen Entwicklungsaufgaben dürfte es
sogar angebracht sein, den Auftraggeber die Analy-
seergebnisse gegenlesen und abzeichnen zu lassen,
denn noch ist das Ziel relativ leicht veränderbar, Zeit-
aufwand und Kosten sind überschaubar.

Entwurf Die Briefingliste ist die Vorgabe und nun
kann es an den Entwurf gehen. Eine Menge Pla-
nungsarbeit besteht in der Regel darin, eine tech-
nisch-funktionale Umsetzung bei der konkreten Ent-
wurfsplanung zu schaffen.

Wer dabei den Freiraum der Aufgabenstellung er-
kennt und seine Kreativität einbringt, dem mag ein
neues Produkt gelingen, der entwickelt eine gestalte-
risch innovative Lösung. Ein guter Entwurfsplan ist
keine Fertigungszeichnung, gleichwohl kann ein ver-
sierter Schreiner aus einer konkreten Entwurfszeich-
nung recht schnell und schlüssig in die Fertigung gehen.

Und wie weiter? Der Entwurf ist Grundlage der
weiteren Arbeitsschritte, bekannt in jeder Werkstatt:
Fertigungsplanung, Materiallisten, Bestellwesen,
Montage, Übergabe, Rechnung etc.

Gewerbliche Schutzrechte Wer einen guten Einfall
hat möchte ihn – verständlicherweise – für sich nut-

zen. Die Gewerblichen Schutzrechte verhelfen zu einem solchen Schutz. Für Serienprodukte sind sie
ganz besonders geeignet.

In Deutschland gelten das Patent und das Ge-
brauchsmuster. Die beiden unterscheiden sich in der
Wertigkeit und im Verfahren, schützen aber beide
technische Gegenstände. Sie legen Wert auf Neuheit
und gewerbliche Anwendbarkeit. Während das Patent keine Neuheitenschonfrist kennt, bietet das Ge-
brauchsmuster einen Zeitraum von sechs Monaten.
Das bedeutet, ab dem Zeitpunkt, an dem die eigenen
Idee zum ersten Mal öffentlich präsentiert wird, beginnt diese Schonfrist für eine Anmeldung beim Patentamt zu laufen.

Des weiteren gilt das Geschmacksmuster. Hier
können ästhetische Farb- und Formgestaltungen
beim Patentamt hinterlegt werden. Die Gegenstände
müssen neu, eigentümlich und gewerblich verwert-
bar sein. Der Schutz beginnt mit der Anmeldung und
umfasst maximal 20 Jahre. Erteilte Schutzrechte werden veröffentlicht. Das kann durchaus interessant
sein. Denn in den Patentauslegestellen kann nachge-
sehen werden, ob die eigene zündende Idee denn tatsächlich so neu ist oder ob nicht ein anderer zu genau
dieser Idee ein Recht für sich bereits reserviert hat.
Mehrfachentwicklungen gab es schon häufiger. Ergo
könnte eine gewerbliche Nutzung dieser Idee sehr
teuer werden. Diese Datensammlung lässt sich aber
auch nutzen, um den »Stand der Technik« – hier für
Gartenmöbel und Garteneinrichtungen – kennen zu
lernen.

Im übrigen: Sie möchten, dass mit Ihren Ideen
sorgfältig umgegangen wird, so sollten Sie dies auch
mit den Ideen anderer tun. Und wenn Sie die Idee eines Dritten verwenden wollen, so sollten Sie diesen
um Freigabe befragen. Meistens findet sich ein Weg –
andernfalls ist es geistiger Diebstahl.

Die Streukiste fordert zum
Anlehnen und Sitzen auf.

Produkte haben mehr als einen Gebrauchswert

Eine Bank dient zum Sitzen. Zum einen. Zum anderen weckt sie aber auch Bilder. Die Rundbank unterm Kischbaum erinnert vielleicht an Erlebnisse in der Kindheit, an die Großeltern, an Urlaubszeiten … Sie begeistert dadurch, dass sie in uns Stimmungen weckt.

Die Bank sendet ein Signal: die Einladung zum Sitzen. Der müde Gärtner reagiert auf das Signal. Andere brauchen vielleicht länger. Der Aufforderungscharakter ist auf aber jeden Fall vorhanden. Manches Produkt wird sogar allein wegen seiner Signalwirkung und Ausstrahlung gekauft. Und schließlich wird der Baum durch die Bank noch in seiner Wertigkeit unterstrichen. Viele Kaufentscheidungen und Anschaffungen folgen von vornherein nicht dem rein funktionalen Aspekt. Denn Hand aufs Herz, ist die Einbauküche denn nur zum Essenkochen? Und das Auto nur zum Transport? Oder enden bei Ihnen auch die schönsten Feste in der Küche und entspricht das Auto Ihrem Lebensstil?

NID – Nicht intentionales Design Für Gestalter ergeben sich aus der Analyse, wie Produkte später tatsächlich genutzt werden, wertvolle Impulse. Aus dem Gebrauch des jeweiligen Produktes lässt sich sein eigentlich nicht intendierter Gebrauchswert ablesen – das nicht intentionale Design. Manchem Produkt wachsen durch seine Benutzung ganz andere Aufgaben zu, als zunächst gedacht wurde. Bei der Bank z. B. schließen plötzlich die Fahrradfahrer ihr Rad ab. So war es nicht gedacht. Ist's zu verbieten? Wie denn? Und warum? Dem Fahrer gibt es Sicherheit, der Bank schadet es nicht, sie wird genutzt. Auch der Pflückkorb hat streng genommen auf der Bank nichts

zu suchen. Denn sie ist mit all ihren ergonomischen Maßen zum Sitzen konzipiert und nicht als Abstellfläche. Wer schon beim Entwurf über sein eigentliches Ziel hinausgedacht hätte, der hätte durch Materialwahl und Detailentwicklung auch diesem Nutzen Gutes getan – oder aber listig deren entfremdenden Gebrauch unterbunden.

Wir alle erweitern durch unseren alltäglichen Gebrauch von Produkten deren eigentlichen Nutzwert. So soll die Streukiste auch nur Kies bereithalten für Eis und Schnee, und dennoch kann man darauf sitzen. Die Heckklappe eines Kombis wurde zum Be- und Endladen entwickelt und nicht als Regenschutz. Baugerüste werden aufgestellt, um in der Höhe zu arbeiten und nicht als Fahrradabstellplatz. Aber gerade das macht doch den eigentlichen Reiz aus, dass Produkte in vielfältigster Art genutzt werden können. Wie kann dies eine Produktentwicklung bestimmen?

Schon die Loslösung von einer einseitigen Funktionsorientierung hilft weiter. Der Reiz kann eben darin liegen, beim Entwurf nicht die absolute Speziallösung zu konzipieren, sondern bei 75 % Funktionserfüllung aufzuhören, um Freiraum für andere Nutzungen zu lassen, Menschen anzuregen, über weitere Nutzungen nachzudenken. Damit kann ein Produkt einen Mehrwert erhalten.

Die Reklamation als Ideenquelle Aus Fehlern lernen. Manches Mal überläuft den Planer ein Schauer, wenn er nach einiger Zeit sein Produkt und dessen Nutzung beobachtet. Auf der Rundbank unterm Kirschbaum sitzt außer Amseln allenfalls ein einzelner müder Gärtner, im Sommer ist sie Abstellplatz der Pflückkörbe, ansonsten wird sie gerne benutzt, um Fahrräder anzuketten. Der Gärtner schließlich stöhnt, weil im Herbst Zeit benötigt wird, um Blätter aus den Bretterfugen wegzufegen. Der Regen tut sein

> Die Beziehungen zwischen der Gestaltung kleiner Gärten und der Inneneinrichtung sind bemerkenswert eng. Kein Raum des Hauses kann mehr als ein Thema umsetzen. Je kleiner der Garten ist, um so mehr gleicht er einem Wohnraum ... Das Gartendesign sollte nicht nur zur Architektur des Hauses passen, sondern auch zu dessen Innenausstattung. Der Blick aus dem Fenster lässt den Garten als rückwärtige Wand des Innenraums erscheinen. Spiegel verstärken das Äußere und bringen auch das Bild des Gartens nach innen. «   *Roy Strong*

eigenes und in ein paar Jahren müssen verrottende Leisten ausgetauscht werden ... Die Folgekosten, den Einkauf hätte man sich sparen können, könnte man meinen. War die Planungsaufgabe schlecht gelöst? Wurde falsch eingekauft?

Unter Umständen: Ja! Aber es gibt viele Ursachen, warum ein Produkt nicht angenommen wird, und in jedem Fall ist es spannend zu untersuchen warum, denn daraus können Impulse für neue Produktentwicklungen gewonnen werden. Vielleicht sind ja auch die Lebensgewohnheiten falsch eingeschätzt worden. Schließlich kann aber auch der Kunde zwischenzeitlich seine Verhaltensweisen anders entwickelt haben oder hat damals beim Entwurfsgespräch schon von anderen Zielen geträumt. Dann war die »Zielgruppenbefragung« zu ungenau. Oder aber die Betrachtung war einfach zu funktionalistisch.

Aus unvorhergesehenen Nutzungen oder auch aus Fehlentscheidungen zu lernen ist sicher das Beste, was man tun kann. Natürlich sollten Fehleinschät-

zungen dem Schreiner bei Kundenaufträgen nicht zu oft passieren. Sind Kunden unzufrieden, gibt es sicher keine Folgeaufträge und auch keine Empfehlung. Siehe auf Seite 34 »Dienstleistungen«.

Gestaltungsideen aus Architektur und Möbelbau

Architektur   Zwischen den Möbeln, dem Haus und auch dem Garten sollte eine gemeinsame Sprache gesprochen werden. Das muss nicht der gleiche Stil sein, auch andere, markant erkennbare Aspekte können die Klammer bilden – Farbe, regionale Herkunft, Material etc. Eine stimmige Umgebung schafft mit Sicherheit Wohlbehagen. Die Sprache der Architektur und die der Einrichtungen im Garten dürften also durchaus häufiger aufeinander abgestimmt sein.

Zum Beispiel das typische Siedlerhaus mit Satteldach und Einzelfenster: Es dient zumeist als Vorbild

Bekannte Gestaltverwandte: Vogelhaus, Gartenhaus, Wohnhaus. Unsere Wohnhäuser sehen heute meist anders aus – und die Garten- und Vogelhäuser?

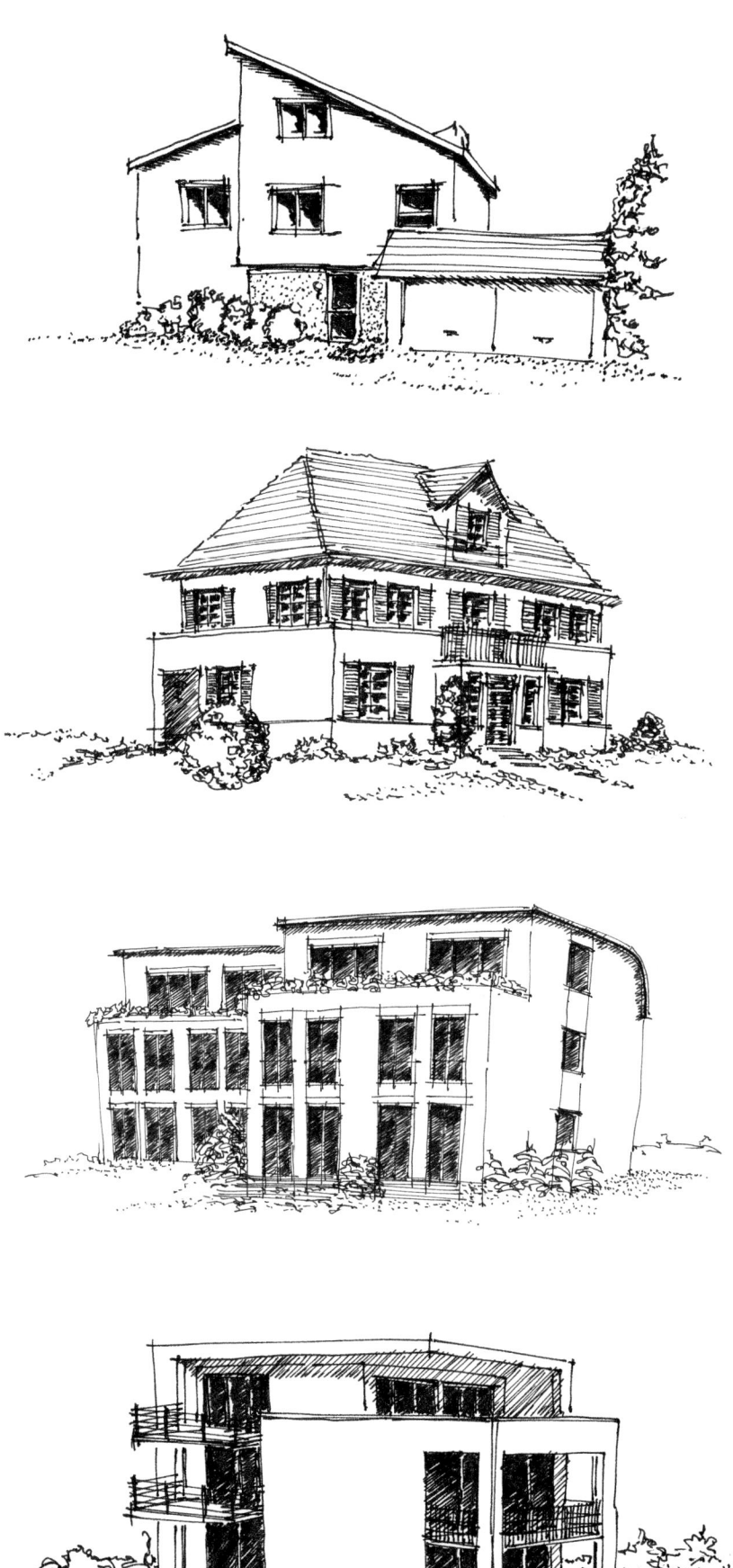

Die unterschiedlichsten Dachformen von Ein- und Mehrfamilienhäusern: Pultdach, Walmdach, Tonnendach, Flachdach u. v. a.

für das Gartenhaus, Überdachungen aller Art bis hin zum Vogelhäuschen. Dabei zeigen Gebäude heute verschiedenste Dachformen, Fassaden und Gliederungen der Hauskörper. Ergo: So verschiedenartig wie die Architektur, so verschiedenartig können auch die Möbel und Sitzplätze gestaltet sein!

Nehmen Sie doch einmal selbst Skizzenblock und Stift und zeichnen ein Gebäude. Es werden sich plötzlich ganz spannende Dinge zeigen: Öffnungen für Fenster sind nicht nur das einzelne Loch in der Fassade, sondern auch große Glasfronten, die aus den einzelnen Öffnungen als geschossübergreifende Bänder zusammengefasst werden. Ist das Fenster hingegen als Öffnung vom Boden bis zur Decke konzipiert, dann wirken die Wände als geschlossene, rechteckige »Scheiben«. Als Sichtschutz vor große Glasfronten, die viel Aus- aber eben auch Einblick gewähren, können Schiebeelemente gezogen werden: aus Leisten zusammengesetzt, kommt immer noch Licht durch. Das Fenster ist also nicht nur notwendig, sondern ein Gestaltungselement – es ist das Auge des Hauses.

Dächer sind oft sattelförmig, bei manchem Haus spannen sie sich gebogen über den Hauskörper, tonnenförmig oder mit einem Abschwung an der Hinterseite. Manche Dachscheibe wird aber auch nicht gefaltet, sondern schwebt als Pultdach über dem Bau, scheinbar losgelöst kragt es an einzelnen Fassaden deutlich über und bildet einen geschützten Außenraum.

Wände können mit waagrechten Verkleidungen versehen werden, die als Gitterstrukturen vor dem Baukörper stehen. Diese tragen Balken als Pergola, ein aufgeständertes Dach oder sind pflanzenbewachsen. Dem ankommenden Gast dienen sie als Auftakt und führen ihn von außen nach innen.

Welche Aspekte beeinflussen die Produktentwicklung:

Impuls und Idee

Marktbeobachtungen und Marktbefragungen bringen Anregungen

Briefingliste als Grundlage des Entwurfs

Analyse bereits gebauter Produkte bringt Impulse für Neuentwicklungen

Produkte haben Aufforderungscharakter

Produkte wecken Assoziationen

Produkte betonen Gliederungen, wenn sie in die Gesamtgestaltung eingebracht werden

Produkte haben – auch – Prestigeaufgaben

Im Alltagsgebrauch werden Produkte auch zweckentfremdet

Einige Gliederungsaspekte der Architektur:

Satteldach, Pultdach, Tonnendach, kombinierte Dachformen

Fenster als kleine rechteckige Öffnung – waagrechte und senkrechte Fensterbänder

Überkragende Dächer

Schwebend wirkende Dächer

Aufgeständerte Baukörper

Säulen und Pfeiler über die gesamte Bauhöhe

Kombination Baukörper mit Gitterstruktur für statische Aufgaben

Holzverschalungen in Außenbereichen

Einige Gestaltungsaspekte im Möbelbau:

Assoziationen durch gestalterische Zitate

Falten, Drehen und Klappen als Konstruktionsmerkmale

Haltegriffe und Beutel für bequemeren Transport

Konstruktionen mit Aufhängemöglichkeit

Räder und Gleiter als sichtbare Gestaltungselemente

Umhüllung von Sitzmöbeln, Nischen und Höhlen

Säulen und Pfeiler, die über zwei und mehr Geschosse an einer Fassade angebracht sind, führen zu mehr architektonischer Klarheit des Baukörpers. Wenn sie eine Stützfunktion haben, können sie ein ganzes Bauwerk wie ein Netz zusammenhalten oder auch einen Baukörper tragen, der über dem Boden schwebend in luftiger Höhe endet.

Schrank Cabina dell' Elba; Aldo Rossi, Molteni + Co.

Das alles lässt sich auch bei Garteneinrichtungen wie Vitrinen und Holzkonstruktionen zum Schutz vor Wind und Wetter umsetzen: Senkrechte, geschosshohe Fensterschlitze und Stützen über die Gesamthöhe passen sich der Wohnhausarchitektur an. Überkragende Dächer schützen die Fassade und schützen Freibereiche. Mit untergeschobenen Balken lässt sich ein freischwebender Charakter erreichen, weil die vorderen Stützen entfallen. Aufgeständerte Baukörper lassen den Geländeverlauf weitgehend unberührt und wer auf einer solchen Platte sitzt oder aus so einem Baukörper schaut, fühlt sich gleichsam schwebend.

Möbelbau Für die Möbel im Garten gilt das Gleiche wie für die übrige Gartenarchitektur: Sie sollen in ihr Umfeld passen, es dabei bereichern und schließlich bewohnbar machen. Die Möbel auf den Skizzen sind zwar ursprünglich für Innenräume gedacht, aber mit ihrer Formensprache regen sie Assoziationen an das Leben draußen an: Im übertragenen Sinne sind es »Gartenmöbel«. Vorgestellt wurden sie auf unterschiedlichen Möbelmessen in Mailand und sind zwischenzeitlich schon fast Möbelklassiker geworden:

Am deutlichsten spielt die »Cabina dell'Elba« mit der Phantasie des Betrachters. Ein **Schrank** wird in der Formensprache von Strandhäuschen gebaut. Signifikant das Dach auf dem Korpus, mitsamt dem runden Loch. Die Farbigkeit der Strandarchitektur kann durch farbiges Wechselspiel der Bauteile eingebracht werden oder gar, indem die einzelnen Leisten mit Farben spielen.

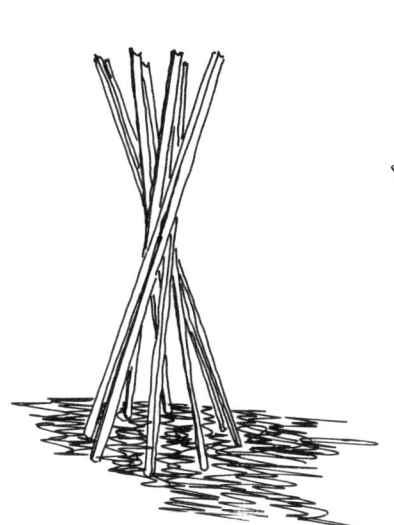

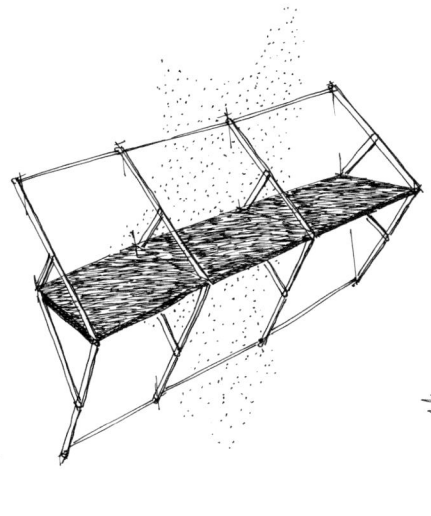

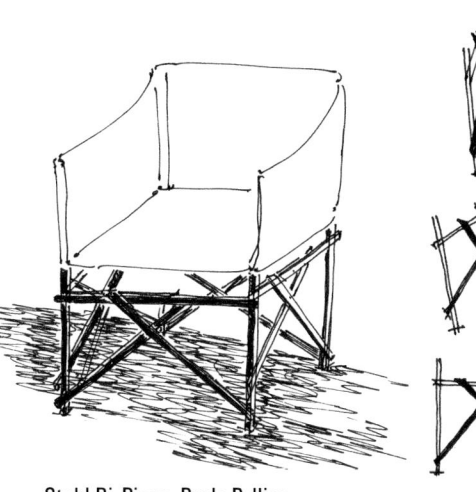

Garderobe Sciangai;
Jonathan De Pas, Donato
d'Urbino, Paolo Lomazzi, Fada

Wandregal Armonica; Paolo Ulian,
Bieffeplast

Stuhl Ri-Piego; Paolo Pellion,
Art + Form

In der Erntezeit stehen sie häufig auf den Feldern, die Stangenbündel. Daran erinnert die **Garderobe** »Sciangai« von Fada. Acht Stangen sind drehbar gelagert, damit das Element leicht transportiert werden kann. Der Sommerparty im Garten tut eine Kleideraufhängung gleichfalls gut.

Üblicherweise hängt im Garten kein **Wandregal**, obwohl es um das Haus oder an Gartenwänden durchaus Aufhängemöglichkeiten gäbe. Bedarf ebenfalls, damit Bücher, Radio und all die anderen Accessoires freudigen Gartenlebens nicht immer auf dem Rasen liegen. Sind an der Wand Einhänge-vorrichtungen, kann »Armonica« schnell eingeklappt und für den nächsten Aufenthalt verwahrt werden.

Klappstühlen haftet meist ein unbequemes Image an, aber praktisch sind sie, denn schnell sind sie geholt und aufgestellt. Der Klappstuhl »Ri-Piego« hat einen ausgeklügelten Mechanismus. Zusammengeklappt steckt er in einem Sack – gut verwahrt und geschickt zu tragen, gleichfalls eine Aufwertung des Produkts –, auseinandergeklappt sitzt der Mensch auf einem Stoffpolster mitsamt Armlehnen.

Sitzen im Geschützten, die Firma Driade bietet mit »Ara« von Lella e Massimo Vignelli ein **Lattenhäuschen**. Die Heimeligkeit eines Pavillons oder eher noch eines Strandkorbes kommt auf. Durch die Zwischenräume schimmert das Licht und bringt ein ähnlich lebendiges Schattenspiel wie der Kirschbaum.

Für Partymenschen oder einen Faulpelz ist die **Liege** »Les Beaux Jours« von Molteni, Entwurf Luca Meda, wie gemacht. Die Fläche ist belebt mit einer Walze: für den Arm, den Kopf oder die Beine.

Lattenhäuschen Ara; Lella e Massimo Vignelli, Driade

Liege Les Beaux Jours; Luca Meda, Molteni + Co.

Material, Konstruktion und Gründung

Material

Holz und seine Bestandteile Holz sei braun, so wird häufig angenommen. Unsere Vorstellungswelt ist natürlich stark geprägt vom Leben im Haus und dort sieht Holz auch über Jahre so aus. Außer Haus allerdings verändert sich Holz recht schnell und wird grau. Das ist ein ähnlicher Vorgang wie wenn Eisen Rost ansetzt, Kupfer schwarz wird und frisch polierte Steine nicht mehr glänzen. Das Holz reagiert auf die Umwelteinflüsse und bildet eine äußerste Schicht, die den Kern schützt und grau aussieht. Das Grau ist nicht per se Signal für Verrottung und Verfall. In der Architektur wird häufig von vornherein mit ihrer Alterungsfarbe geplant. An Haltbarkeit verliert das Brett dadurch nichts, nur hat es die Würde einer bewährten Holzfassade bekommen, die dazu einen ausgleichenden Kontrast zu den vielen Grün- und Brauntönen eines Gartens, zu den vielen Blütenfarben

bildet. – Aber wer möchte, der kann in wiederholter Pflegearbeit seine Holzteile im Garten braun halten. Oberflächensysteme dafür sind gut zu bekommen.

Holz hat als Werkmaterial einen hohen Sympathiewert. Die Bearbeitungsmöglichkeiten sind zahlreich und gut. Für den Einsatz von Holz in Außenbereichen haben sich eine ganze Reihe von Konstruktionen und Verarbeitungsweisen entwickelt, deren Grundzüge im Folgenden geschildert werden, damit die Schlagworte stabil, sicher, standhaft für das Gartenwohnen mit Holz lange stimmen.

Holz besteht aus einer Vielzahl von chemischen Bestandteilen, die bei jeder Holzart in ganz verschiedener Menge vorhanden sind. Durch diese baumarttypischen »Rezepturen« definieren sich die Eigenschaften wie Bearbeitbarkeit, Zug- und Biegefestigkeit, Beständigkeit gegen mechanische und chemische Einflüsse, Geruch des Holzes, Verleimbarkeit und vieles weitere.

Die Hauptbestandteile von Holz sind:

Zellulose mit einer Menge von 30 – 60 % am Gesamtgrundstoff bildet sie die Gerüstsubstanz der Zellwand. Von Wasser und vielen anderen Lösungsmitteln, außer denjenigen mit Kupferanteilen, kann Zellulose nicht aufgelöst werden und sie ist relativ unempfindlich gegen UV-Strahlungen.

Hemizellulose ist mit 11 – 40 % im Holz vertreten und stellt eine Verbindung von verschiedenen Stoffen mit Zellulose dar. Sie stützt das Zellwandgerüst. Von Holzschädlingen wird die Hemizellulose leicht abgebaut.

Lignin 22 – 29 % weist Holz davon auf, es besteht zu 2/3 aus Kohlenstoff und schmiegt sich in die Lücken zwischen der Zellulose und bildet so die Druckfestigkeit. Allerdings wird es schnell von UV-Licht abgebaut und dann von Regenwasser ausgewaschen: das Holz wird grau und verliert auf Dauer z. B. an Haftmöglichkeit für Beschichtungen.

Weitere Inhaltsstoffe sind je Holzart zwischen 3 und 15 % als Nebenbestandteile zu finden: Fette, Stärken, Zucker, Farbstoffe, auch Kautschuk. Alkaloide, ätherische Öle, Gerbstoffe und andere Stoffe bieten natürliche Dauerhaftigkeit bzw. Resistenz gegenüber holzzerstörenden Pilzen und Insekten. Mineralstoffe wie Silikate, Phosphate und Carbonate erschweren die mechanische Bearbeitung. Harze haben konservierende Wirkung. Andere Stoffe erschweren die Oberflächenbehandlung, das Verkleben und erzwingen eine Vorbehandlung.

Ein Holzstamm weist verschiedene Bereiche auf. Für die Verwendung von Holz im Außenbereich kommt es auf die Unterscheidung von Kern- und Splintholz an. Das Kernholz, also der innere Holzteil, weist meist dunklere Färbung, geringeren Wassergehalt, größere Dichte, Festigkeit und natürliche Dauerhaftigkeit im Gegensatz zum Splint auf und ist somit für unseren Verwendungszweck allgemein das geeignetere. Das Splintholz liegt zwischen Rinde und Kern, ist also jünger, führte im Baum das Wasser und speicherte es auch. Bei manchen Hölzern zeichnet es sich durch Andersfarbigkeit aus.

Hölzer für den Außenbereich

Bangkirai: Indonesien und Malaysia, umfasst ganze Holzgruppe, je Art Stamm bis 25 m ohne Äste. Holz ist hell-/gelb- bis mittelbraun, hart, reibungsfest, Dichte $0,8–1,1$ g/cm³, Dauerhaftigkeitsklasse $1–2$. Keine chemische Behandlung notwendig, da hohe Resistenz gegen Schädlinge und Witterung, wenngleich Fraßlöcher von Frischholzinsekten vorkommen. Maschinelle Bearbeitung wegen Härte des Holzes nicht einfach. Inhaltsstoffe/Gerbsäuren können durch Regen ausgewaschen werden, darum ungeschützten Kontakt zu verputzten und anderen hochwertigen Flächen vermeiden, damit keine Verfärbungen entstehen können. Kontakt mit Eisen führt zu blau-schwarzer Verfärbung des Holzes, daher als Verbindungselemente ausschließlich solche aus Edelstahl verwenden. Verbauung mit Wasser- und Erdkontakt ohne Probleme.

Douglasie/Oregonpine: Westliches Nordamerika, Kanada, große Zahl unterschiedlicher Populationen. Dichte ca. $0,5$ g/cm³, Splint weiß bis gelblich, Kern gelblichbraun bis rotbraun, nachdunkelnd, deutliche Farbkontraste. Mäßig bis gut witterungsfest, wenig beständig gegen Pilzbefall, Resistenzklasse 3. Bei

Eisenkontakt Reaktionsflecken, Harzaustritt möglich.

Edelkastanie: Mittelmeerraum. Splint weißlich, Kernholz graugelb, starke Ähnlichkeit mit Eiche, allerdings nicht ganz deren Festigkeit, Dichte ca. $0,5$ g/cm³, Resistenzklasse 2. Eisen korrodiert. Als Einsatzbereiche: Pfähle unter Wasser, zum Teil auch in Erd-Luft-Zone, Dachgebälk vieler Kirchen, Schindeln.

Eiche: Auf nördlicher Halbkugel mit etwa 500 Arten von Strauch bis Baum vertreten: Stileiche, Traubeneiche, Flaumeiche, amerikanische Weißeichen, amerikanische Roteichen, japanische Eichen. Dichte ca. $0,8$ g/cm³, schweres und hartes Holz mit guten Festigkeits- und Elastizitätswerten. Splint grauweiß, im Außenbereich weniger einsetzbar, da anfällig für Pilz- und Insektenbefall. Kern gelb- bis lederbraun, sehr witterungsfest und daher ohne Imprägnierung verwendbar; Dauerhaftigkeit kann im Freien 80 Jahre, unter Dach 150 Jahre umfassen, Resistenzklasse 2. Inhaltsstoffe wirken korrosiv auf Metalle und können Fassaden verschmutzen, trotzdem wurde es früher auch für Dachschindeln und Fensterbau verwendet; das Holz ist für Erdkontakt geeignet.

Fichte: Kühlere Gebiete auf der nördlichen Hemisphäre bis Indien und China mit über 40 Arten: europäische Fichte, serbische Fichte, sibirische Fichte, orientalische Fichte und Stechfichte. Dichte ca. $0,5$ g/cm³, Splint und Kern gelbweiß bis rötlichweiß, im Alter gelblichbraun, Jahresringe farblich stark erkennbar, bedingt witterungsfest, nicht beständig gegen Pilz- und Insektenbefall und nur schwer imprägnierbar. Die Dauerhaftigkeit kann im Freien 15, unter Dach 60 Jahre umfassen, Resistenzklasse 4.

Kiefer: Weite Verbreitung vieler Sorten: Gemeine Kiefer in Europa bis Sibirien, Weymouthskiefer in

Nordamerika, Zirbelkiefer im Hochgebirge, Schwarzkiefer Alpen bis Balkan, Pinie im Mittelmeerraum, Seekiefer westliches Mittelmeer. Dichte der Gemeinen Kiefer ca. 0,5 g/cm³; Splint gelblichweiß bis rötlichweiß, Kern dunkler, dunkelt stark nach. Auch später noch Harzaustritt möglich. Kaum Resistenz gegen Schädlinge speziell im Splint, Kernholz mäßig dauerhaft, Dauerhaftigkeit im Freien liegt bei 50, unter Dach bei 100 Jahren, Resistenzklasse 3–4. Wirksamer Holzschutz ist notwendig, Kiefer ist aber eines der Hölzer, bei denen insbesondere der Splint die Imprägnierung gut annimmt, von daher gerne für Kesseldruckimprägnierung eingesetzt. Dann auch gut für Erdkontakt geeignet.

Mahagoni: Mittel- und nördliches Südamerika, Westafrika. Dichte ca. 0,7 g/cm³, Splint hellgrau, Kern rotbraun, nachdunkelnd; Holz ist witterungsfest und überaus beständig gegen Pilz- und Insektenbefall, Resistenzklasse 2.

Lärche: Verbreitung in nördlicher Hemisphäre: Europäische Lärche aus Mitteleuropa und USA, japanische Lärche aus Japan und Europa, sibirische Lärche, Western larch aus Nordamerika. Baum wirft im Herbst die Nadeln ab. Dichte ca. 0,6 g/cm³; Kern rötlichbraun, dunkelt stark nach, gute Widerstandsfähigkeit gegen Witterung, wenig anfällig für Pilz- und Insektenbefall, Resistenzklasse 3–4. Kernholz ohne Splint auch in GK 3 einsetzbar, Splint gelblichweiß bis gelb und weniger dauerhaft. Festes, schwerstes und zugleich härtestes Nadelholz. Dauerhaftigkeit im Freien 60 Jahre, unter Dach 120 Jahre. Früher wurden aus Lärche auch Pfähle im Wasser und unter Erde gerammt und z. B. Wasserrinnen und Dachschindeln gefertigt.

Riesenlebensbaum/kanadische Rotzeder (Western Redcedar): Kanada, Nordwestliches Nordamerika, Alaska, Kalifornien. Gehört als Thuja plicata zu den Zypressengewächsen und hat keine Verwandtschaft zu Zedern. Dichte weniger als 0,4 g/cm³, Splint braunstreifig weiß, Kern rosarot bis braunrot, schwach nachdunkelnd, sehr witterungsfest, beständig gegen Pilz- und Insektenbefall und gut zu bearbeiten. Keine Verbindung mit Eisen herstellen, denn bei Einwirkung von Feuchtigkeit verfärbt sich Holz und Korrosion ist zu befürchten. Im Ursprungsland für Holzhäuser, Schindeln und Bootsbau verwendet, wird es heute zu Gartenmöbeln und -häusern verarbeitet.

Robinie/Falsche Akazie: USA und heute auch Europa. Kern gelbgrün bis grünlichbraun – nachdunkelnd. Splint schmal und hellgelb. Holz ist hart, elastisch, schwer, hat Dichte von ca. 0,7 g/cm³ und ist sehr dauerhaft, Resistenzklasse 1–2, Robinie ist geeignet für Erd-, Wasser- und Mühlenbau. Allerdings: Die Inhaltsstoffe wirken korrosiv auf Metalle und können Fassaden verschmutzen.

Teak: Aus Südostasien, heute Anbau in Ost- und Westafrika. Dichte fast 0,7 g/cm³, Splint gelblichweiß bis grau, Kern rötlichbraun, gelb- bis dunkelgoldbraun, nachdunkelnd, witterungsfest, sehr beständig gegen Pilz- und Insektenbefall, Resistenzklasse 1, als Plantagenholz allerdings unterschiedlich zwischen 1 bis 3. Holz enthält reinen Kautschuk, Sägen stumpfen oft beachtlich ab. Teaköl: Gibt dem Holz einen dunkleren Farbton und bildet einen hauchdünnen Überzugsfilm, Auffrischung immer wieder nötig.

Echte Zedern: Atlaszeder aus Nordwestafrika, Libanonzeder (kann bis 3000 Jahre alt werden) aus Vorderasien, Himalajazeder aus Westhimalaja. Dichte ca. 0,5 g/cm³, Kernholzbaum, hellrötlich bis graubraun, leichtes und dennoch festes Nadelholz, Kern- und Splintholz dauerhaft, natürlicher Holzschutz vorhanden: gegen Pilze und Insekten dauerhaft. Verwendbar für Pergolen, Gartenmöbel, Fassaden etc., verträgt jedoch keinen Erdkontakt.

Weitere Holzarten: Als Außenhölzer kämen noch eine ganze Reihe weiterer Hölzer in Frage, da sie Witterungsfestigkeit und Beständigkeit gegen Pilz- und Insektenbefall aufweisen: Afzelia, Azobé/Bongossi, Ebenholz, Eibe, Kambala, Makore, Mansonia, Padouk, Palisander, Sipo. Meist kommen sie aus Südamerika, West- und Zentralafrika, auch Asien. Wer sich die Verbreitungsgebiete von vertrauten Hölzern wie Kiefer etc. vergegenwärtigt, wird auch hier weite Transportwege erkennen können.
Bei Gartenmöbeln werden diese Hölzer mit weiteren Materialien alterniert bzw. ergänzt: Weide, Bambus, Seegras, Jute, Wasserhyazinthe, Eukalyptus, Meranti.

Holz als Werkstoff Neben den Vollholzfassaden haben sich in der Architektur schon seit längerem Holzwerkstoffplatten etabliert. Sie erlauben großformatige Konstruktionen und sind in Wahl der Hölzer, Leime und Holzschutz auf die Außenanwendung gut vorbereitet. Überlegenswert ist durchaus, wie aus diesen Materialien Möbelkorpusse und Garteneinrichtungen gebaut werden können und welche Gestaltungsmöglichkeiten sich hierbei eröffnen. Ausdruck und Wirkung werden großzügig sein, Öffnungen und Flächen können sich leicht von dem Diktat des Rechtecks lösen.

> **Dreischichtplatten aus Nadelholz:** Werden gebildet aus drei kreuzweise verleimten Brettlagen aus üblicherweise Fichte/Tanne, manchmal auch Douglasie oder Lärche. Die Oberflächen sind geschliffen oder gebürstet, unbehandelt, grundiert oder behandelt lieferbar. Abmessungen: Breiten von 1000 bis 2050 mm, Längen von 2500 bis 6000 mm, Dicken: 19, 21, 22 und 27 mm.

> **Furnierschichtholz:** 3 mm starke Schälfurniere, üblicherweise Fichte, werden kreuzweise verleimt.

Allerdings müssen jeweils die beiden äußeren Lagen in die gleiche Richtung aufgebracht sein, damit werden Spannungsrisse an der Oberfläche unterbunden. Die Oberfläche ist entweder schälrau oder geschliffen. Auslieferung in der Regel unbehandelt, aber auch kesseldruckimprägniert oder auch mit Dünnschichtlasuren versehen zu bekommen. Äste, Risse und Astlöcher sind kein Qualitätsmangel. Abmessungen: 1800 mm oder 2500 mm breit, bis 23 000 mm lang, Dicke 21 bis 69 mm, häufiges Maß: 900 × 3000 mm.

Fassadensperrholz: Kreuzweise werden 1,5 bis 2,5 mm dicke Schälfurnierlagen verleimt. Der Hersteller sollte die Eignung für Außeneinsatz ausdrücklich bestätigen, denn auch die Wahl des geeigneten Deckfurniers ist wichtig. Im Gegensatz zu Baufurniersperrholz sind Fassadensperrhölzer mit dünneren, fehlerfreien Deckfurnieren versehen. Diese Platte nicht mit »Multiplex« verwechseln. Als Hölzer werden verwendet: Douglas Fir, Southern Pine oder Khaya (Mahagoni). Die Oberflächen der Platten sind sägerau, gebürstet, sandgestrahlt oder auch genutet, unbehandelt, grundiert oder endbehandelt lieferbar. Größe ca. 1250 × 2500 mm, Dicke: 12, 15 und 18 mm.

Zementgebundene Flachpressplatten: Holzspäne werden mit Portlandzement gebunden zu Platten verpresst. Sie werden grundiert oder auch mit fertig beschichteten farbigen Oberflächen angeboten. Die Plattenkanten benötigen keine weitere Behandlung, für zwängungsfreie Montage an den Befestigungsstellen größere Durchmesser für Bohrung einbringen als für Befestigungsmittel notwendig. Abmessungen: z. B. 1250 × 2600 mm, Plattendicken von 8 bis 40 mm, eher zwischen 8 und 20 mm.

Für Außenbereiche reicht normalerweise die Holzwerkstoffklasse 100, dabei werden max. 18 % Plattenfeuchte abgedeckt, bei Holzwerkstoffklasse 100 G wären das bis 21 % Plattenfeuchte. Die Herstellfeuchten der Holzwerkstoffplatten liegen deutlich unter den zu erwartenden Feuchten im eingebauten Zustand. Darum: Platten im Freien lagern, um Verformungen zu vermeiden und bei Konstruktion beachten, dass Formveränderungen aufgefangen werden können. Übliche Holzwerkstoffplatten, auch Spanplatte V100, sind im Außenbereich nicht zu gebrauchen.

Bei Holzwerkstoffplatten gibt es kaum Rissbildung. Für Konstruktion und Montage müssen beachtet werden: schnelles Ableiten von Wasser, Unterkanten als Tropfkanten ausbilden, ausreichender Spritzwasserschutz, Abdichten von Bohrlöchern bei Verschraubungen. Um eindringendes Wasser zu vermeiden, sollen Plattenkanten waagrecht und senkrecht geschützt sein, indem sie z. B. mit Metall-Z-Profilen abgedeckt werden. Für Fassadensysteme wurden Befestigungs- und Verbindungselemente entwickelt, auf die zurückgegriffen werden kann.

Bei ausreichend hinterlüfteten Holzwerkstofffassaden ist kein chemischer Holzschutz gegen Pilze nach DIN 68 800-3 notwendig, da die zu erwartende Holzfeuchte für einen Befall von holzzerstörenden Pilzen zu gering sein wird. Im Zweifelsfall ist jedoch Behandlung mit Bläue- und Schimmelschutz empfehlenswert. Dafür können Grundierungen verwendet werden, die diesen Schutz explizit benennen.

Andere Werkstoffe Wer sich bei Gartenmöbeln und Garteneinrichtungen umsieht findet Holz. Und er findet bei vielen Objekten mehrere Materialien in Kombination: Holz mit Metall, Stein, Stoff. In Füllungen kommen Weidegeflechte, Rohrgeflechte, Nessel. Zu Kastanie oder Teak wird Edelstahl für Beschläge und Bänder genommen. Früher wären es vielleicht Teak und Messing gewesen. Neue Kombinationen bieten neue Reize.

Einige wenige Materialien sollen abschließend noch vorgestellt werden, gewissermaßen als Stellvertreter all der anderen, überaus zahlreichen und reizvollen Alternativen.

Glas: Glas wird heute oft filigran in Ganzglaskonstruktionen verwendet. Dabei kann eine Glasscheibe ohne Rahmen über einem Korpus schweben und sogar über die Wandseiten auskragen. Die Neigung sollte mind. 8° betragen, bei mehr als 15° erfolgt Selbstreinigung. Bei Überkopfverglasungen auf Splitterbindung achten.

Als Gläser werden verwendet:

Einscheibensicherheitsglas (ESG):
ein vorgespanntes Flachglas, das bei Bruch in stumpfkantige Krümel zerfällt. Ab einer Stärke von 8 mm wird es als ballwurfsicher eingestuft.

Verbundsicherheitsglas (VSG):
glasklare oder farbige Folien liegen zwischen zwei oder mehr Scheiben. Bei Bruch werden die Glassplitter durch die Folie gehalten.

Gartenbauglas (GBG):
streut mit seiner Struktur das Sonnenlicht, um Verbrennungen vorzubeugen, wird verwandt für die Verglasung von Treibhäusern, Freilandverglasungen und Frühbeeten, ist heute oft durch PE-Folien ersetzt.

Aluminium: Aluminium bietet sich als Blech, Profil und auch als Gusswerkstück mit vielerlei Anwendungsmöglichkeiten an und lässt sich hervorragend mit Holz kombinieren.

Bleche: Titanzink mit seinem hellen Grauton und Kupfer mit dem Kupferrot bilden gute Kontraste zu Hölzern, als Bleche können sie z. B. für Dachdeckung verwendet werden. Firma Kopold in Geisenfeld-Ilmendorf hat Bogen-Dach-Elemente entwickelt, die als Halbfertigteil in einer Größe von ca. b = 170 cm, t = 90/180 cm und h = 50/66 cm bezogen werden

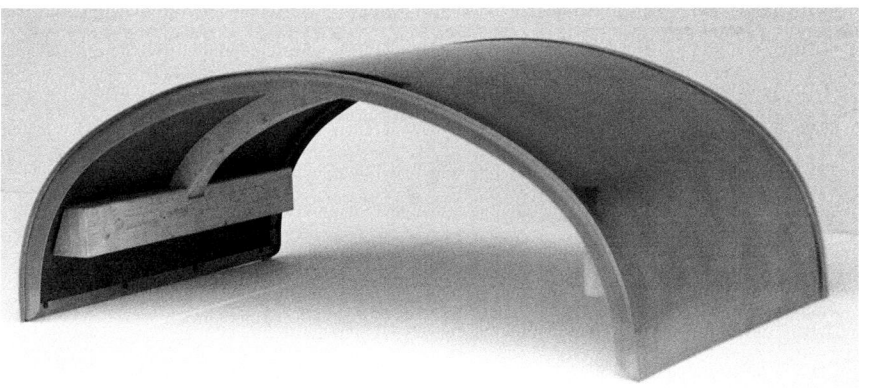

Bogen-Dach-Element.

können und auf ein Sitzhäuschen, eine Treibhausvi-
trine oder einfach auch eine Unterstellmöglichkeit
aufmontierbar sind.

Lochbleche: Lochbleche können für Geländerkon-
struktionen eingesetzt werden, als breiter Streifen
zur Beschattung im Pavillon beitragen oder in eine
Tischplatte eingelegt die hitzebeständige Abstellfläche bilden.

Punkthalterungen: Glasvordächer und Überdachungen
für Sitzplätze werden mittels spezieller Beschläge
lediglich an vier Punkten gehalten, auf Rahmen
kann verzichtet werden.

Steinkörbe: In Parks, an Straßen und in vielen Gärten
finden sich heute quaderförmige Steinkörbe. Gitter-
werk umschließt eine Steinschüttung und baustein-
artig werden die Quader gereiht und gestapelt. Die
Körbe mit auswählbarer Füllung werden über den
Natursteinhändler direkt an die Baustelle geliefert.

Verbundwerkstoffe: Mehrere Materialien sind z. B.
zu einer kompakten Werkstoffplatte verbunden.
So umschließen bei Prodema-Fassadenplatten zwei
Schälfurniere einen Kern aus harzgetränkten
Zellulosebahnen. Gleichfalls für den Fassadenbau
entwickelt ist Resoplan, bei der beidseitig auf einen
Kern Dekorplatten mit einem Witterungsschutz
aufgebracht sind.

Gefährdungen und Schutz von Holz

Holz im Außenbereich ist dem Wetter in vielerlei
Weise ausgesetzt. Einige Einflüsse prallen an bestimmten Holzsorten gut ab, andere wiederum gehen
extrem an dessen Substanz. Umso besser, wenn das
Holz dagegen gut geschützt werden kann. Erst wenn
der Verursacher bekannt ist, können die Gegenmaß-
nahmen getroffen werden.

Witterungsbedingte Holzschädigungen

Luftsauerstoff: Der Sauerstoff aus der Luft bewirkt
eine Oxidation der Zellulose an der Holzoberfläche.
Diese zeigt sich als Bräunung und später Vergrauung
heller Hölzer bzw. Bleichung dunkler Hölzer. Die
Zellwände verspröden.

Unmittelbare Sonneneinstrahlung: Zu einer
Oberflächenverfärbung trägt auch die UV-Strahlung
des Sonnenlichts bei – Hintergrund ist die bereits
geschilderte Verwandlung des Lignin. Zudem
trocknet die Sonneneinstrahlung das Holz aus.
Ab einem bestimmten Grad führt dies zum Verlust
von Elastizität und Dauerhaftigkeit und das Holz
bildet kleine Risse.

Schwankungen von Lufttemperatur und -feuchtigkeit:
Risse können auch entstehen durch das Arbeiten des
Holzes. Es wird verursacht von einer Veränderung
des Feuchtigkeitsgehalts im Holz, der es quellen und
schwinden lässt. Die Dimensionen der Bauteile
ändern sich.

Fröste: Die Sprengwirkung des ausdehnenden
Wassers in Oberflächenrissen erweitert diese und
ermöglicht damit ein leichteres Eindringen von
pflanzlichen und tierischen Holzschädlingen.
Zugleich legen vergrößerte Risse unter Umständen
unpräpariertes Holz frei.

Wind: Wind wirkt austrocknend (über den Feuchtigkeitsanteil des Holzes siehe oben). Der Wind transportiert darüber hinaus z. B. Pilzsporen, die dann in den Trockenrissen verschwinden, aber auch Sand und andere kleine Festkörper, die das Holz wie Sandpapier bearbeiten. Weiche Holzpartien werden ausgescheuert und eine reliefartige Oberflächenstruktur entsteht.

Niederschlagswasser: An Holzbauteilen ablaufendes Regenwasser wäscht Verwitterungsprodukte ab und trägt somit dazu bei, dass gesunde Holzschichten freigelegt werden, die dann wiederum bewittert werden. Bis zu 0,1 mm kann der Abtrag pro Jahr betragen. Regenwasser trägt zum Feuchtigkeitshaushalt des Holzes bei. Insbesondere an Stirnseiten, Schnitten und Rissen wird das Wasser gar in kleinen Tröpfchen aufgenommen, die Abgabe allerdings kann nur gasförmig erfolgen. So wird Wasser schneller aufgenommen als abgegeben, darum muss Holz immer so verbaut werden, dass Hirnholz geschützt und insgesamt luftumspült ist.

Ein dauerhaft zu hoher Feuchtigkeitsgehalt ist für Holz gefährlich. Haben Holzbauteile im Inneren des geheizten Hauses zwischen 6 bis 12 % Sollfeuchte, so beträgt sie für Bauteile wie Fenster und Außentüren, also solche, die mit dem Außenklima in Berührung kommen, 12 – 15 %, für Holzgegenstände im Freien 12 – 16 %. Die mittlere Gleichgewichtsfeuchte von Bauholz bei überdeckten offenen Bauwerken beträgt 12 – 18 %, bei allseitig der Witterung ausgesetzten Holzbauteilen 12 – 24 %, in den Randbereichen kann sie sich auch bei 28 % einpendeln. In Fällen solch hoher Feuchtegrade ist Gefahr im Verzug, denn für manche holzverfärbende und holzzerstörenden Pilze bietet bereits eine Feuchtigkeit von 20 % ein angenehmes Umfeld.

Zur Beachtung beim Einsatz von Holz

Konstruktionen, die Wasser ableiten und alle Holzteile gut mit Luft umspülen.

Befestigungen und Abdeckungen aus Kupfer vermeiden, manche Hölzer reagieren auch auf Eisen. Von daher: Verwendung von Befestigungsmitteln aus Edelstahl oder Aluminium

Schutz vor UV-Licht, dies kann z. B. mit pigmentierten Lasuren und Lacken geschehen.

Schutz vor Regenwasser, z. B. durch Überstand darüber liegender Bauteile.

Oberflächenschutz, auch zeitlich wiederholt, um Risse zu schließen.

Schutz vor Ausscheuern durch Sand im Wind durch deckende Lackierung.

Arbeiten des Holzes durch Reduzierung der **Feuchtigkeitsaufnahme** minimieren.

Um **Formänderungen** und Arbeiten des Holzes aufgrund der Feuchtedifferenz möglichst klein zu halten, sollte das Holz mit demjenigen Feuchtegehalt eingebaut werden, der später als Mittelwert zu erwarten ist. Als Vorbereitung: Zwischenlagerung der Hölzer am späteren Einbauort.

Oberflächenbehandlungen sollten diffusionsfähig sein, damit eingedrungenes Wasser entweichen kann.

Manches Holz hat noch **Besonderheiten,** bei Kauf des Holzes nachfragen.

Gefährdungsklassen Für den Bau mit Holz in der Architektur wurden klare Regelungen geschaffen. Von Anwendungsfällen abgeleitet wurden Gefährdungsklassen (GK) gebildet und für diese dann Anforderungen formuliert. Andererseits wurden Hölzer entsprechend ihrer Charakteristika in Resistenzklassen eingeteilt. In DIN 68364 sind solche Klassifizierungen getroffen, in neueren Normungen weiter vertieft.

Klassifizierung nach DIN 68 800-3, Holzschutz im Hochbau:

> **GK 1:** Holz ohne Erdkontakt und abgedeckt, vor Witterung geschützt und ohne Befeuchtung – also Innenraumklima.
> Bauteile mit insektenvorbeugendem Holzschutzmittel, alternativ als Holz einsetzbar ohne gesonderte

Behandlung ist z. B. Kiefer mit Splintholzanteil unter 10 %.

GK 2: Holz ohne Erdkontakt, abgedeckt vor Witterung, aber durch hohe Umgebungsfeuchte gelegentliche Befeuchtung, auch Feuchträume.
Bauteile mit insektenvorbeugendem und pilzwidrigem Holzschutzmittel, alternativ als Holz einsetzbar: u. a. splintfreie Kiefer, Lärche, Douglasie.

GK 3: Holz ohne Erdkontakt, nicht abgedeckt, der Witterung oder aber häufiger Befeuchtung ausgesetzt, ungeschützt in Nassräumen.
Bauteile mit insektenvorbeugendem, pilzwidrigem und witterungsbeständigem Holzschutzmittel, alternativ als Holz einsetzbar: u. a. Redcedar, splintfreie Eiche. Nach DIN 68 800 T3 sind chemische Holzschutzmaßnahmen für GK 3 dann nicht erforderlich, wenn splintfreie Farbkernhölzer der Resistenzklassen 1 oder 2 nach DIN 68364 verwendet werden.

GK 4: Holz in Kontakt mit Erde oder Süßwasser, ständige Befeuchtung.
Bauteile mit insektenvorbeugendem, pilzwidrigem, witterungsbeständigem und moderfäulewidrigem Holzschutzmittel, alternativ als Holz einsetzbar: u. a. splintfreies Teak, Afzelia, Robinie. Achtung bei diesen Hölzern aus Plantagen, hier kann Resistenz gemindert sein.

GK 5: Holz in Meerwasser.

Für eine Stütze bedeutet die Einteilung, dass sie bei GK 4 angesetzt ist, weil sie direkten Kontakt mit Erde hat, sie kann in GK 3 eingestuft werden, wenn sie auf einem Betonsockel aufgeständert wird. Sollte die Stütze so eingebracht sein, dass sie gar nicht mehr der direkten Bewitterung ausgesetzt ist, also z. B. verkleidet ist, so ist sie in GK 2 angesetzt. Die Einteilung hat entscheidende Folgen, denn die Schutzmaßnahmen sind weniger aufwendig, bzw. das Holz ein anderes.

Resistenzklassen

Hölzer der Resistenzklasse 1, die beste Stufe: Bongossi, Robinie, Teak, Afzelia, Angelique, Azobe, Macoré, Palisander.
Hölzer der Resistenzklasse 2: Eiche, Mahagoni, Edelkastanie.

Hinweise auf DIN-Normen:

DIN EN 335: Dauerhaftigkeit von Holz und Holzprodukten, Definition der Gefährdungsklassen für den biologischen Befall
Teil 1: 1992 – 09, Allgemeines
Teil 2: 1992 – 10, Anwendung bei Vollholz
Teil 3: 1995 – 09, Anwendung bei Holzwerkstoffen

DIN EN 350: Dauerhaftigkeit von Holz und Holzprodukten – Natürliche Dauerhaftigkeit von Vollholz
Teil 1: 1994 – 10, Grundsätze für die Prüfung und Klassifikation der natürlichen Dauerhaftigkeit von Holz
Teil 2: 1994 – 10, Leitfaden für die natürliche Dauerhaftigkeit und Tränkbarkeit von ausgewählten Holzarten von besonderer Bedeutung in Europa

DIN EN 460, 1994 – 10: Dauerhaftigkeit von Holz und Holzprodukten – Natürliche Dauerhaftigkeit von Vollholz. Leitfaden für die Anforderungen an die Dauerhaftigkeit von Holz für die Anwendung in den Gefährdungsklassen.

DIN 68 364, 1979 – 11: Kennwerte für Holzarten, Festigkeit, Elastizität, Resistenz (neuer Normentwurf seit 2001 – 12)

DIN 68 800: Holzschutz im Hochbau
Teil 1: 1990 – 04, Allgemeines
Teil 2: 1996 – 05, Vorbeugende bauliche Maßnahmen im Hochbau
Teil 3: 1990 – 04, Vorbeugender chemischer Holzschutz
Teil 5: 1990 – 01, Vorbeugender chemischer Schutz von Holzwerkstoffen

Welches Holz welcher Resistenzklasse zuzuordnen ist und damit für welche Anforderungsstufe verwendbar ist, sollte man sich im Zweifelsfall vom Händler bestätigen lassen.

Holzschutzverfahren Welche Holzarten können ohne Holzschutz eingesetzt werden? Die Frage stellt sich für Holz im Hochbau differenziert nach den Gefährdungsklassen. Welcher Schutz letztendlich gewählt wird, ist auch Vereinbarungssache. Für Gartenmöbel und Garteneinrichtungen aber können die Gefährdungsklassen zumindest gute Anhaltspunkte für die Wahl des Holzes und des Holzschutzes geben. Es gibt äußerst widerstandsfähige Hölzer, sodass auf weitere Schutzmaßnahmen verzichtet werden kann. Andere Holzarten wären nur kurzzeitig im Garten einsetzbar, haben sie doch zu wenig Resistenz, um der Bewitterung oder dem Erdverbund zu widerstehen. Für sie wurden Verfahren entwickelt, um die Widerstandsfähigkeit zu erhöhen. Zum einen wird chemisch Schutz aufgebaut, zum anderen die Holzstruktur durch Temperatur verändert. Beide Mal entstehen veränderte Werkstoffe.

Anforderungen für tragende Holzbauteile

Balkonstützen, Streben bei allseitiger Bewitterung	Holz der Resistenzklasse 2 oder kesseldruckimprägniert
Bohlenbelag, wenn direkt bewittert	Resistenzklasse 2 oder kesseldruckimprägniert
Bohlenbelag, direkt bewittert, in offenen Fugen Schmutzkegel	Resistenzklasse 1 oder kesseldruckimprägniert
Palisaden	Resistenzklasse 1 oder 2, oder kesseldruckimprägniert Sperrschicht zwischen Erde und Palisade
Holzroste, begehbare Konstruktionen	Resistenzklasse 2 oder kesseldruckimprägniert

Imprägniertes Holz Holzschutz soll lange Gebrauchsfähigkeit sichern und Wertminderung oder gar Zerstörung der Holzbauteile durch Pilze und Insekten und Witterungseinflüsse verhindern. Kritisch gesehen wird schon seit Jahren der chemische Holzschutz. Nach DIN 68800-2, Holzschutz im Hochbau, sollen Konstruktionen bevorzugt werden, bei denen ein chemischer Holzschutz entbehrlich ist. Doch je nach Einsatz und Belastung des Holzes führt an einem Einsatz von Chemikalien allerdings kaum ein Weg vorbei. Einheimische Nadelhölzer wie Kiefer und Tanne werden, da biologisch wenig resistent, mit Imprägnierung geschützt, um Dauerhaftigkeit zu erreichen. Die eingesetzten Mittel haben sich jedoch verändert, moderner Holzschutz verzichtet auf die gesundheitsschädlichen Chromate.

Zur Resistenzbehandlung gegen Umweltbelastungen und auch unter gesundheitlichen Aspekten sollten nur Mittel verwendet werden, für die eine Gütegewähr besteht. Sicherheit gibt es bei Präparaten mit Prüfzeugnis durch die Materialprüfungsanstalten. Sie vergeben Prüfprädikate für vorbeugende Holzschutzmittel, die bei tragenden sowie aussteifenden Bauteilen oder zur Brandbekämpfung eingesetzt werden können und geben die Wirksamkeit an. Ähnliches gilt für Präparate mit RAL-Gütezeichen, das von der Gütegemeinschaft Holzschutzmittel vergeben und von RAL Deutsches Institut für Gütesicherung und Kennzeichnung veröffentlicht wird für vorbeugende Holzschutzmittel auf nichttragenden Holzbauteilen und auch für bekämpfende Holzschutzmittel.

Das Verfahren, wie das Schutzmittel auf- oder eingebracht wird, führt zusammen mit dem Mittel selber – sei es gasförmig, flüssig oder pastös – zu einer spezifischen Schutzart.

Unterschieden werden:

Oberflächenschutz: ohne Eindringtiefe in das Holz,

Randschutz: Eindringtiefe von wenigen Millimetern,

Tiefschutz: Eindringtiefe von wenigen Zentimetern,

Vollschutz: das gesamte Holz, bei Farbkernhölzern das gesamte Splintholz, ist durchtränkt.

Scheint im ersten Moment ein Oberflächenschutz oder Randschutz ausreichend, so kann er schon nach kurzer Zeit durch das Arbeiten des Holzes ungenügend sein. Denn wenn das Holzwerkstück Risse bekommt, und seien es nur schmale, so werden unter Umständen ungeschützte Holzteile freigelegt. Der Rissbildung kann bedingt entgegengearbeitet werden durch die sorgsame Auswahl der eingesetzten Hölzer, entsprechende Konstruktion und durch Beachtung der Feuchtewerte bei der Bearbeitung. Risse sind dann weniger problematisch, wenn eine resistente Holzart gewählt wurde oder eine Schutzart, die tiefer in das Holz eingedrungen ist.

Leider nehmen die Hölzer die Tränkmittel ganz verschieden auf, daher ist eine entsprechende Vorbehandlung des Holzes erforderlich. Der Umgang mit den Mitteln und den Verfahren bedingt geschultes Personal, dem auch vertraut ist, wie die Dokumentation von eingesetzten Mitteln erfolgen soll.

Was für den Hochbau festgelegt ist, kann für Gartenmöbel und Garteneinrichtungen übernommen werden: in einem mitgegebenen Produktpass die Benennung des ausführenden Betriebs, der gewählten Schutzmaßnahmen mit Angabe von Wirkstoffen und Prüfprädikaten, Jahr und Monat der Behandlung und Hinweis auf mögliche Aspekte, die z. B. für die Pflege und den schutzvollen Umgang mit dem Produkt beachtet werden sollten. Dies kann als Information an die Verbraucher auch für alle anderen Behandlungen des Holzes vorgesehen werden.

Thermisch behandelte Hölzer Thermisch behandelte Hölzer wie Thermoholz oder ThermoWood werden als Alternative zu tropischen Hölzern und chemisch behandelten Hölzern angeboten und liegen im preislichen Mittel. Die Technik für größere Stückzahlen ist relativ neu. Vorgetrocknetes Holz kommt in einen großen Kessel, in dem Vakuum erzeugt wird. Die Siedetemperatur des in dem Holz befindlichen Wassers

Merkmale von Holzschutzverfahren, unterschieden werden Druckverfahren und Nichtdruckverfahren:

Anstrichverfahren und **Spritzverfahren** bieten Oberflächenschutz. Sie fordern relativ wenig technischen, aber einen hohen Arbeitszeitaufwand. Viele handwerkliche Betriebe setzen sie ein, benötigt werden sie auch zur Nacharbeit am Bau.
Trogtränkverfahren bieten erhöhte Schutzsicherheit. Die zu imprägnierenden Hölzer werden mehrere Stunden oder sogar Tage in einem Trog mit Tränkmittel untergetaucht.
Flut-, Gieß- und Tauchverfahren erbringen einen Randschutz, für sie sind spezielle Anlagen erforderlich.

Kesseldruckverfahren erbringen Tief- bis Vollschutz und bieten die höchste Schutzstufe. Für Bauhölzer mit ständigem Erd- und/oder Süßwasserkontakt sind sie das einzige Verfahren, das nach DIN 68800 Teil 3 April 1990 Gefährdungsklasse 4 zulässt. Dabei wird das Tränkmittel in einem verschließbaren druckdichten Kessel mit Druckunterschieden in das Holz eingebracht. Entweder geschieht die Imprägnierung mit Wechsel von Über- und Unterdruck oder durch Wechsel von Vakuum und Normaldruck. Entwickelt wurden auch Saftverdrängungsverfahren. Einem hohen technischen Aufwand steht ein vergleichsweise sehr geringer Arbeitsaufwand gegenüber.

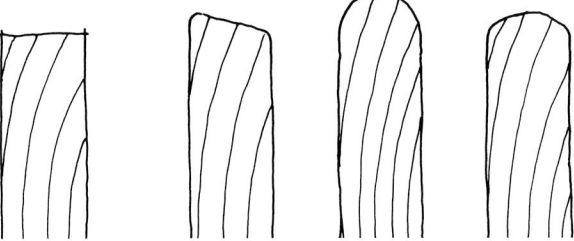

Konstruktiver Holzschutz
durch wasserableitend
geformte Balkenköpfe

senkt sich damit. Dann wird überhitzter Wasserdampf eingeleitet, damit sich das Wasser im Holz erwärmt. Die Temperatur wird über ca. 8 Std. auf 210° gehalten; damit werden die Eiweißverbindungen im Holz zerstört und Pilzen wie Insekten ist die Nahrungsgrundlage entzogen.

Das Ergebnis ist hohe natürliche Resistenz (Klasse 2 – 3) des Holzes, hervorragende Formbeständigkeit, geringes Quell- und Schwindverhalten, einfache Verarbeitung. Die Technologie wird in nordischen Ländern, z. B. Jütland und Schweden eingesetzt. Aus diesem Holz hergestellte Profile werden z. B. bei Außenschalungen ohne Lackierung oder Lasierung eingesetzt. Dem Verfahren können Farbpigmente zugegeben werden, sodass das Holz farbig verarbeitet wird.

Holzschutz durch Oberflächenbehandlung

Eine Oberflächenbehandlung kann als ästhetisches Element, als regulierendes Element für Feuchtigkeit, aber auch als Schutz der Werkstoffe vor äußeren Einwirkungen gesehen werden. Mögliche Auswirkungen von Wind mit Sand, UV-Licht und Feuchtigkeit wurden oben geschildert.

Das Holz alter Scheunen weist in der Regel bis auf die natürlichen Schutzmechanismen wie Vergrauung keinen Oberflächenschutz auf. Für Bauteile wird die Vergrauung von vielen Menschen akzeptiert, von manchen gar gewünscht. Allerdings braucht der Prozess seine Zeit.

Für Möbel und für Korpusse ist die Akzeptanz je nach Kundengruppe wahrscheinlich nicht so groß. Einsetzbar wären Oberflächensysteme wie bei Haustüren und Fenstern.

Jeder Oberflächenschutz muss auf die fertig zugeschnittenen und bearbeiteten Werkstücke *vor dem Zusammenbau* aufgebracht werden! Auf der Baustelle dürfen allenfalls durch Einpassen notwendig gewordene Schnitte ausgeführt werden, sie müssen allerdings auch nachbehandelt werden.

Art und Anwendung von Oberflächenbehandlung

Als Erstes kann ein Anstrich mit Mitteln gegen Bläue- und Schimmelpilze kommen, sofern notwendig. Danach kommt die Grundierung. Die Grundierung soll die Haftung des folgenden Aufbaus mit dem Trägermaterial erhöhen. In manchen Grundierungen sind Mittel gegen Bläue und Schimmelpilze enthalten.

Schutzmittel

Lacke: Lacke sind deckende Beschichtungsstoffe, sie bilden eine schützende Schicht auf dem Trägermaterial. Sie können diffusionsoffen oder auch geschlossen sein. Wetterlacke sind besonders wetterbeständig. Sie schützen das darunter liegende Holz vor UV-Strahlung und verhindern dadurch, dass sich die Lackschicht ablöst. Meist werden sie mit bläuepilzwidrigen Grundiermitteln verarbeitet. Auch die unsichtbaren Stellen müssen lackiert sein, um ein Eindringen des Wassers zu vermeiden.

Lasuren: Alternativ zu Lacken können Lasuren eingesetzt werden. Gegliedert wird in Dünnschichtlasuren und Dickschichtlasuren. Sie unterscheiden sich durch den Bindemittelgehalt und dringen unterschiedlich tief in das Holz ein. Bei Holzschutzlasuren sind organische Wirkstoffe beigegeben, die gegen Insekten und Pilze wirken. Zur Verbesserung der Wetterbeständigkeit werden Holzschutzlasuren oft auch überlackiert, dabei werden Wetterlacke eingesetzt. Wie bei Lacken gibt es auch bei Lasuren Systeme, die Atmungsaktivität gewährleisten, so kann doch einmal eingedrungene Feuchtigkeit

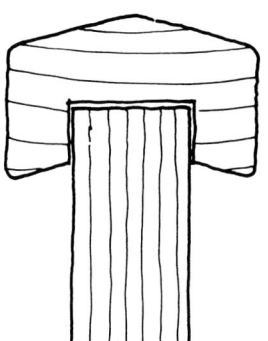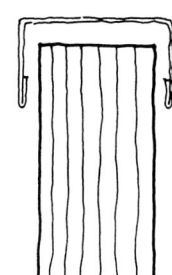

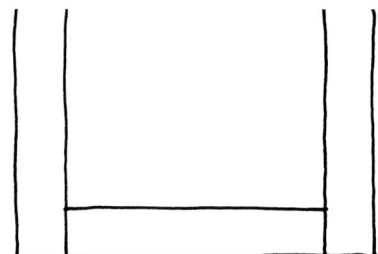

wieder austreten. Für Holz ist Feuchtigkeit, die nicht mehr austreten kann, »tödlich«.

Lacke und Lasuren werden angeboten auf Basis von Lösemitteln oder Wasser. Die Herstellfirmen halten Datenblätter bereit, auf denen die Einsatzfähigkeiten und Verarbeitung dargestellt werden. Um einen verlässlichen Schutz zu erreichen gilt es, die einzelnen Bestandteile des Systems aufeinander abzustimmen (mit den Herstellfirmen absprechen).

Wachse und Öle: Für die Oberflächenbehandlung werden alternativ zu Lasuren und Lacken auch Wachse und Öle eingesetzt. Auch hier gilt, dass die zu erwartende Beanspruchung mit den Merkmalen des Oberflächensystems abgestimmt werden muss, außerdem der Aufbau genau den Vorgaben der Hersteller zu entsprechen hat. Gewählt werden können auch Materialien, in die gleich Farbpigmente beigegeben wurde.

Pflegeöle werden verwendet, um durch spezielle wasserabweisende Wirkung die Schönheit des Holzes zu bewahren. Insbesondere geeignet sind sie für Gartenmöbel aus Teak, Eiche, Lärche etc. Bei der Verarbeitung gilt zu beachten, dass getränkte Lappen wegen Selbstentzündungsgefahr in Blechbüchsen oder in wassergefüllten Behältern zur Vernichtung deponiert werden.

Holzschutz durch Konstruktion Ziel guter Konstruktionen ist, Regen und Wasser von Schneeschmelze möglichst zügig von dem Möbel und Bauteil abzuleiten, um die Langlebigkeit von Holzwerkstücken in Außenbereichen zu sichern. Je besser der konstruktive Holzschutz, umso eher kann auf manche chemische Behandlung des Holzes verzichtet werden. Aus dem konstruktiven Holzschutz bieten viele Details eine Reihe gestalterischer Impulse.

Die Langlebigkeit wird in Frage gestellt durch Schädlingsbefall, seien es Pilze oder Insekten, und zu hohe Feuchtigkeit, die den Befall und das Verrotten des Holzes fördern. Oberstes Ziel also ist es Feuchtigkeit nicht in das Holz eindringen zu lassen. Bleibt das Wasser als Tropfen auf dem Holz, so dringt es nach und nach ein. Es lagert sich in die Holzstruktur ein, kann aber nicht mehr wieder als Tropfen heraus, sondern nur gasförmig. Daher dringt Wasser schneller ein, als es wieder herausdiffundieren kann.

An vielen alten Zäunen sind die Problemzonen deutlich zu erkennen, denn oben und unten sind sie angegriffen. Wasser dringt besonders leicht durch Hirnholz ein. Das gilt es zu schützen.

Wenn irgend möglich sollten nach oben weisende Hirnholzflächen abgedeckt werden. Bei einer Bretterwand kann eine Leiste aufgesteckt werden. Balkenköpfe können eine Blechhaube erhalten, die allerdings hinterlüftet sein sollte. Bei einzelnen Elementen, die nach oben weisen, wie beim Lattenzaun oder Oberkanten von Stuhllehnen, ist ein Aufstecken wenig sinnvoll. Hier aber führt das Abschrägen oder Runden zum schnelleren Ablaufen des Wassers. Ähnliches gilt auch für die Oberkanten waagrechter Balken und anderer Holzteile. Sind sie genau »im Wasser«, so bleibt nach dem Regen oder bei der Schneeschmelze das Wasser als Pfütze darauf stehen und dringt in das Holz ein.

Werden mehrere Werkstücke miteinander verbunden wie bei der Rahmenbauweise, dann lassen sich die Teile so zusammenfügen, dass die querliegenden die senkrechten abdecken. Gartentürchen sind ein beredtes Beispiel dafür. Das oberste Rahmenholz überdeckt die seitlichen.

Die unteren Abschlüsse: Das Wasser tropft, so es nicht durch Einflüsse wie Wind umgelenkt wird, an der tiefsten Stelle eines Werkstückes ab. Ist die Unterkante eines Balkens eben, so tropft das Wasser eben nicht an der Kante von Seite zu Unterkante ab,

Überstände

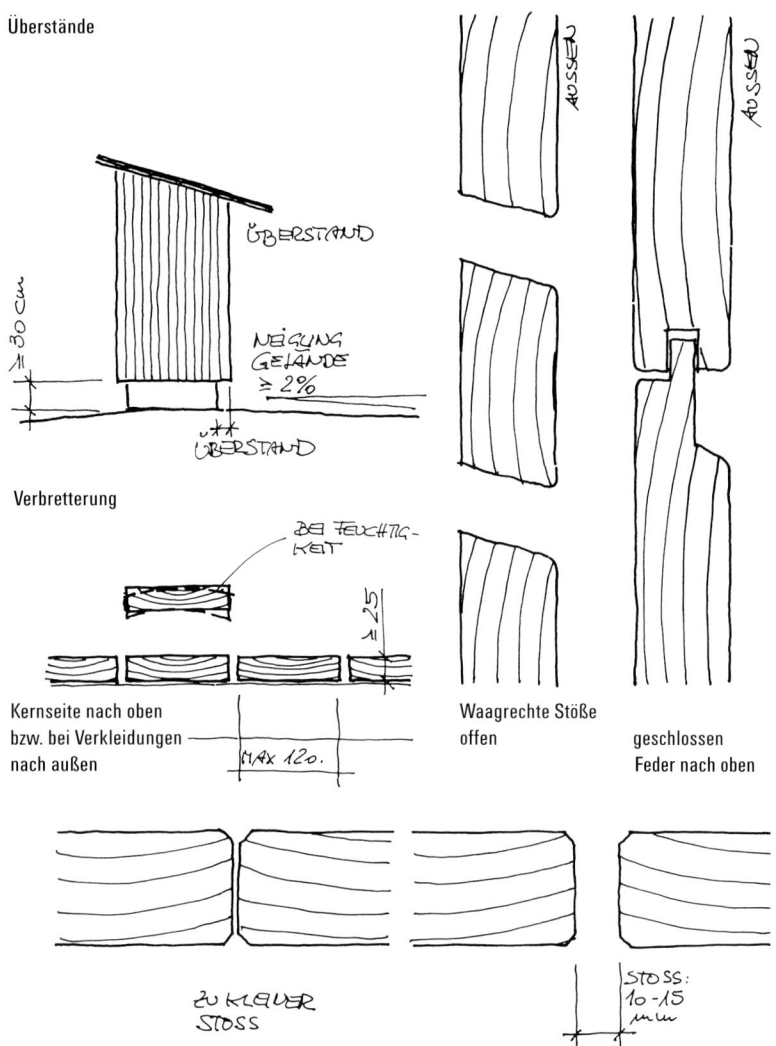

Verbretterung

BEI FEUCHTIG-
KEIT

Kernseite nach oben
bzw. bei Verkleidungen
nach außen

MAX 120.

Waagrechte Stöße
offen

geschlossen
Feder nach oben

ÜBERSTAND

NEIGUNG
GELÄNDE
≥ 2%

ÜBERSTAND

ZU KLEINER
STOSS

STOSS:
10-15
mm

Stöße und Fugen neigen zu Feuchteansammlungen.

Geneigte Leisten führen Wasser besser ab.

sondern läuft an der Unterkante weiter, verbleibt dort, kann auf Dauer eindringen. Tropfkanten verhindern dies. Bretter von Verschalungen können über die gesamte Dicke angeschrägt werden. Bei Wetterschenkeln bzw. den unteren Hölzern von Türen und Fenstern wird durch eine Nut der Wasserweg gebremst. Die Tropfkante sollte natürlich so ausgebildet werden, dass das Wasser möglich weit von anderen Bauteilen weggeleitet wird. In einigen Fällen können zusätzlich Profile eingeplant werden.

Stöße und Fugen: Treffen zwei Werkstücke direkt oder mit sehr kleinem Abstand aneinander, so wird sich in dem Stoß Wasser ansammeln. Ein kleiner Stoß verhindert auch, dass das Holz »arbeiten« kann – also sich in der Breite ändert. In einem kleinen Stoß sammeln sich auch schnell Staub und andere Partikel, die die Fuge verstopfen und zu einer Feuchtigkeitsansammlung beitragen. Ein direktes Stoßen von Werkstücken ist daher problematisch.

Bleiben zwei Möglichkeiten: Erstens, es findet sich eine Verbindung der zwei Werkstücke durch Verleimen oder andere Mittel, die sie auf Dauer absolut dicht verbinden – aber das Arbeiten des Holzes nicht zu vergessen. Zweitens, der Stoß wird auseinandergezogen, sodass zwischen den Werkstücken eine Fuge bleibt. Bei Bodenbelägen darf die Fuge zwischen 10 – 15 mm groß sein, bei Tischplatten und ähnlichen Werkstücken hilft gleichfalls eine Fuge, sie wird allerdings etwas zarter ausfallen. Offene Stöße haben zudem den Vorzug, dass möglicherweise eintretende Schadstellen durch Pilze etc. am Holz bemerkt werden können und eine Nachbehandlung möglich ist.

Wandflächen: Ob die Wand als Verkleidung einer Fassade angebracht wird oder als eine eigenständige Wand eingesetzt wird: setzt sie sich aus Paneelen zusammen, so ist eine senkrechte Positionierung in der Regel besser. Bei waagrechter Anbringung sollen die Federn der Paneele nach oben zeigen. Andernfalls

Pfützenbildungen schädigen das Holz und sollten vermieden werden.

könnte eindringendes Wasser sich in der Nut sammeln.

An den Stößen, Eckpunkten und Anschlüssen an andere Bauteile sollte man immer Details entwickeln, die keine Wasseransammlungen ermöglichen. Unverdecktes Aneinanderstoßen von Bauteilen ist dabei problematisch. Alle wasserspeichernden Stöße, Nuten und Ecken gilt es zu vermeiden. Oder aber die Wand wird bei waagrechten Brettern und Paneelen so ausgebildet, dass dazwischen ein deutlicher Abstand vorgesehen ist, durch den die Luft streichen kann, allerdings sind hier die Ober- und Unterkanten geneigt. Bei Konstruktionen mit Holzwerkstoffplatten wird man waagrechte Kanten mit Metallprofilen schützen, allerdings Luft zur Platte belassen.

Die Oberseite der Wand kann geschützt werden durch ein aufgesetztes Brett oder eine andere Abdeckung. Bei Gebäuden, Hütten und Korpussen schützt ein weit überstehendes Dach die Oberkante. Besondere Sorgfalt verdient eine einwandfreie Entwässerung der Dachfläche: Durch Neigung und durch Fassen des Regens in Rinnen und Abführen wird vermieden, dass dieses Wasser unkontrolliert gegen die Fassade klatscht.

Für den unteren Abschluss stellt das Spritzwasser eine große Gefahr dar. Ihr lässt sich begegnen, endet die Verschalung mindestens 30 cm über dem Boden. Kann der Boden um das Gebäude etc. durch eine höhere Kiesschicht ersetzt werden, so wäre das für die Holzkonstruktion ideal. Flächen, die Wasser abführen, müssen so geneigt sein, dass das Wasser von dem Bauteil weggeleitet wird.

Neuralgisch sind Türen und Fenster. Sie sollen hinter die Fassadenfront der Wand zurückgesetzt sein. Es gilt die Oberkanten dieser Bauteile zu schützen.

Konstruktion und Luft Für Außenbauteile werden Hölzer und Holzwerkstoffe eingesetzt, deren Feuchtegehalt dem später zu erwartenden entspricht. Natürlich reagiert das Holz auf all die klimatischen Ver-

änderungen – die Konstruktionen müssen ein Arbeiten des Holzes ohne Probleme zulassen.

Zunächst wirken Verschalungen, Verkleidungen an Wänden und Decken wie ein geschlossenes Bauteil. De facto aber muss Luft sie umspülen. Auf der Sichtseite ist dies in der Regel gegeben, in den anderen Bereichen aber muss sie es gleichfalls mindestens bis zur Hälfte der Fläche. Denn sitzen die Werkstücke zu direkt vor einem anderen Bauteil, kann es schnell zu engen und geschlossenen Innenbereichen kommen, in denen sich Feuchtigkeit sammelt und nur langsam wieder entweicht. Hohlräume, Hinterseiten und andere Bereiche hinter solchen Bauteilen gilt es so zu konstruieren, dass Luft problemlos durchströmen kann. Gemäß DIN 18516-1 muss der Abstand mindestens 50 cm²/m Wandlänge betragen. Öffnungen müssen an Unterseite und Oberseite eingebaut werden. Als Öffnungen können Schlitze vorgesehen werden, durchgehend 8 – 10 mm. Abstände mit mehr als 20 mm Breite sind mit Lüftungsgitter gegen Insekten und Kleintiere zu schützen – allerdings nicht vergessen, dass für die Berechnung des Lüftungsquerschnittes das Gitter abgezogen werden muss. Stoßen wie an Ecken Bauteile aneinander, so darf der Abstand zwischen den Bauteilen nicht zu eng sein.

Für die Montage der Werkstücke kommen ausschließlich korrosionsbeständige Hilfsmittel in Frage. Nagelköpfe gilt es zu versenken und abzudichten, z. B. mit Bitumen.

Bei Verkleidungen und Böden sind die Bretter und Paneele immer so zu montieren, dass die Kernseiten nach außen bzw. oben zeigen. Wird es nass, so drückt sich das Holz sonst an die anschließenden Teile, bei Böden formt es sich zu einer »kleinen Wanne« und das Wasser bleibt länger stehen.

Diese Bänke werden
noch eingegraben.

Holzschutz-Service Sorgfältige Planung des Möbels oder Bauteils erhöht die Lebensdauer, gleichwohl empfiehlt sich eine regelmäßige Kontrolle und Wartung.

> **Wartungsvertrag:** Auf eine notwendige regelmäßige Wartung sollte schon bei der Angebotserstellung hingewiesen werden, um nicht bei der Kundschaft überzogene Erwartungen zu wecken. Bei Spielgeräten ist diese Wartung und Kontrolle Pflicht. Ist ein Holzteil seiner Aufgabe nicht mehr gewachsen, so muss es ausgetauscht werden. Für die Planung der Konstruktion heißt dies idealerweise, dass die Verbindungen lösbar sind. Nur so kann mit möglichst wenig Aufwand ein Teil der Gesamtkonstruktion ausgetauscht werden.
>
> **Produktpass:** Nicht immer werden die Wartungs- und Reparaturarbeiten von dem Schreiner durchgeführt werden können, der das Möbel oder Bauteil hergestellt hat. Es ist gut, wenn dann ein Produktpass vorliegt.
> Dem Kunden gibt dies Sicherheit, der Betrieb signalisiert Qualität, ein Fachmann, der später etwas ändern oder erweitern muss, weiß, woran er ist. In Form einer Plakette können diese Informationen darüber hinaus an dem Werkstück montiert sein:
>
> Name, Anschrift etc. des Unternehmens,
>
> Datum der Fertigstellung,
>
> Angaben über eingesetzte Materialien und Hinweise zur notwendigen bzw. möglichen Pflege,
>
> Angaben über ggf. eingesetzte Holzschutzmittel
>
> mitsamt Prüfzeichen und Prüfprädikaten
>
> sowie die eingebrachte Holzschutzmittelmenge.

Gründung und Fundamente

In der Wohnung lassen sich Möbel auf den Boden stellen und ein Regal, das umzufallen droht, wird an der Wand befestigt. In Außenbereichen geht das nicht. Dort müssen die Möbel und Einrichtungen richtig auf dem Boden gelagert werden, damit sie nicht im Boden absacken oder umfallen, wenn der Wind oder eine Person dagegen drücken. Der Bereich um das Objekt ist auch unter dem Gesichtspunkt zu sehen, wie am schnellsten Wasser abgeleitet werden kann.

Aspekte für die Aufstellung

> **Statik** Tragen und Lastabtragung
>
> **Verankerung** gegen Winddruck und Druck durch Anlehnen
>
> **Ableitung** Wasser- und Spritzwasserschutz

Jeder kennt es aus seinem Garten: Mit dem Vierbeinstuhl im Rasen zu sitzen geht nicht lange, die Beine bohren sich in die Erde und die Sitzposition wird immer instabiler. Die Auflagerpunkte sind zu klein, würden die Beine auf einer Steinplatte stehen, wäre das Sitzen schon sicherer. Und genau so haben es schon die Erbauer von Feldscheunen gemacht: Sie suchten große Feldsteine, gruben sie leicht ein, ließen sie gut eine Handbreit über den Boden schauen und stellten ihre Feldscheune darauf.

Elemente mit tragender Funktion:

> **Balkenwege und Terrassendecks:** Wer für Wege und Terrassen ebenes Gelände vorfindet oder das Gelände so modellieren kann, dass im Bereich dieser Bauteile der Grund eben ist, kann seinen Untergrund mit einem Bett aus Kies oder Schotter von ca. 25 cm und einer Auflage von gröberem Sand oder Splitt von

Zwischen Bauteil und Erde sollte
immer ein Abstand bleiben

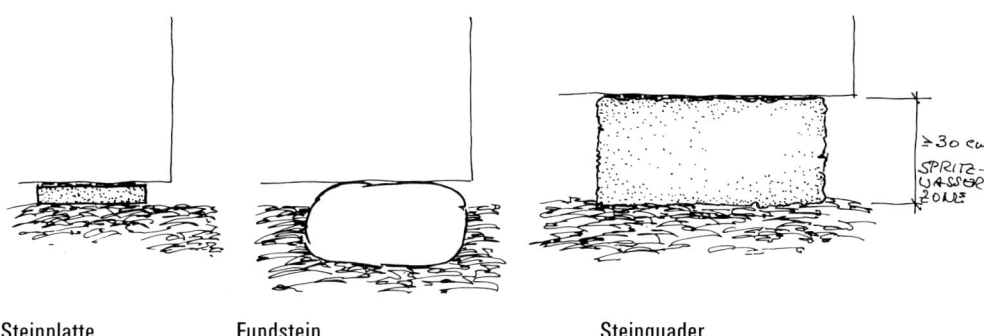

Steinplatte   Fundstein   Steinquader

ca. 10 cm aufbauen. Darauf liegen Balken in einer
Dimensionierung von mind. 60 × 80 mm und in
einem Raster von ca. 50 cm, die die Bretter tragen.
Ihre Dicke sollte mind. 25 mm betragen, damit das
elastische Wippen beim Darüberlaufen vermieden
wird.

Palisaden: Palisaden trennen Bereiche und können
leichte tragende Aufgaben übernehmen. Die Hölzer
werden in die Erde eingegraben – auf Resistenz ist zu
achten. Bei schweren und feuchten Böden empfiehlt
es sich, an den Fuß der Palisaden ein Kiesbett von
ca. 20 cm Höhe einzubringen. Die Palisaden sollten
einen Durchmesser von mind. 80 mm haben. Die
Einbautiefe ist abhängig von der freien Höhe,
zusammen ergeben diese Maße die Gesamtlänge.

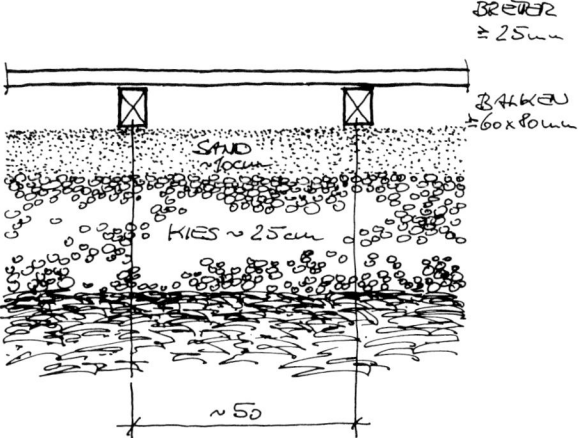

Lagerung Holzdecks

Einbautiefen für frei stehende Palisaden:

Freie Höhe	20	50	85	100	130
Einbautiefe	40	50	55	60	70
Palisadenlänge	60	100	140	160	200

Quelle: Holz im Außenbereich, Informationsdienst Holz

Auflager und Verankerungen: Auf dem Markt sind
für leichte Aufgaben eine Reihe von Beschlägen
erhältlich. Einschlagbodenhülsen für rechteckige
und runde Hölzer gehören dazu. Anders in den
Boden eingebracht werden Bodendübel. Mittels einer
Stange werden sie in den Boden eingedreht, in einem
kleinen Bereich können durch Ein- und Ausdrehen
dieser Dübel Unebenheiten des Bodens ausgeglichen
werden.

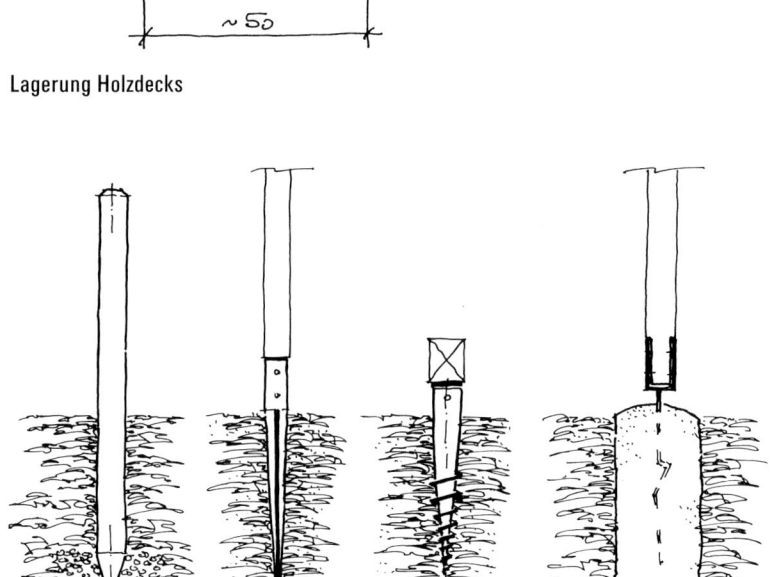

Palisade eingraben   Einschlagbodenhülse   Bodendübel   Balkenschuh in Betonfundament

Für schwerere Belastungen, insbesondere für Punkt-
lasten wie sie von einer Stütze kommen können, und
bei weniger belastungsfähigen Böden empfehlen sich
Balkenschuhe, die in Betonfundamente eingelassen
sind. Die Fundamentgrube kann per Schaufel oder
per Bohrer eingebracht worden sein. Empfehlenswert
ist bei solchen Konstruktionen, auf eine Baufirma zurückzugreifen, die zum einen das entsprechende
Know-how für das Einbauen hat und auch beurteilen
kann, ob die statischen Belange noch in Ordnung
sind.

Montagebedingungen Zwischen den Bauteilen und
der Erde sollte immer ein Abstand bleiben. Der Abstand zum Boden hat zwei Aufgaben: Luft kann zwischen Erde und Bauteil hindurchstreifen, sie nimmt
Feuchtigkeit mit. Darum ist darauf zu achten, dass
keine Pflanzen diesen Zwischenraum zuwuchern.
Zum anderen hilft eine Höhe zwischen Erde und
Unterkante von 30 cm und mehr, die Holzteile aus
der Spritzwasserzone herauszuheben.

Bei Auflegen des Holzes auf Stein, Beton oder
ähnlichem sollte zwischen den beiden Werkstoffen
eine Trennschicht eingelegt werden. Dies kann Dach-
pappe sein. Zu befürchten steht sonst, dass auf Dauer
chemische Reaktionen zu einem Abbau der Trag-
fähigkeit des Holzes führen, außerdem wird vermieden, dass Wasser von unten nach oben aufsteigen
kann.

Wird auf ein Bauteil ein weiteres aufmontiert, so
sollte es das untere überdecken. Damit wird vermieden, dass Wasser in Kanten und Stirnseiten der Holzbauteile dringen kann. Außerdem schützt es vor
Schlagregen.

Bei der Montage von Geländern und anderen Teilen ist darauf zu achten, dass Schrauben nicht von
oben – der Regen würde sonst eindringen – zu sehen
sind, die Konstruktion ist um den Balken zu ziehen.

Bei Balkenschuhen die Flansche so positionieren,
dass sie der Hauptwetterrichtung abgewandt sind,
auch Verschraubungen sollen, wenn irgend möglich ,
immer von der Hauptwetterrichtung abgewandt sein.

Klassiker zeigen Konstruktionsprinzipien

Für Freibereiche haben sich einige Möbel als Klassi-
ker entwickelt. Die Bierbank gehört dazu, sie ist an
anderer Stelle vorgestellt. An vier anderen Möbeln
werden hier wichtige Konstruktionsprinzipien darge-
stellt. In Dimensionierung und Konstruktion haben
sich Möbel in einer Vielzahl von Varianten auf dem
Markt behauptet und sind fertigungstechnisch ausge-
reift. Ihre Konstruktionsprinzipien allerdings bergen
Anregungen für viele andere Möbelentwürfe.

Maße für Wände aus Holz:

Bretter für Außenbekleidungen:	Min. 18 mm dick, max. 200 mm breit
Kanthölzer und Latten	
Abstände Traglattung:	30 x 50, 40 x 60, 60 x 60, 60 x 100, 60 x 120 mm

Brettdicke in mm:	Lattenabstand in mm:
18,0	400
19,5	500
22,0	550
24,0	600
25,5	700
28,0	800

(aus: Außenbekleidungen aus Vollholz, Informationsdienst Holz)

Liegestuhl – Drehbare Rahmen: Eigentlich sind es zwei Rahmen, die ineinander liegen und drehbar gelagert sind. Je zwei Querfriese sind als Rundstäbe ausgebildet. An den Rundstäben hängt die Stoffbahn. Die beiden Rahmen werden durch zwei Leisten, gleichfalls mit Rundstab verbunden, auf Abstand gehalten. Durch Einrasten in Kerben kann die Höhe des Sitzens variiert werden. Zum Lagern ist der Liegestuhl so tief wie die Leisten stark sind.

Staffelei – Ineinander schiebbare Leisten: Dargestellt ist eine sogenannte Feldstaffelei. Sie ist leichter als die Atelierstaffelei. Im aufgestellten Zustand federt die Konstruktion leicht nach, damit lässt sich aber leben, denn eine größere Leistenstärke würde kaum wesentlich die Stabilität erhöhen, wohl aber das Gewicht. Das Gestell besteht aus mehreren, z. T. genuteten Leisten und ist somit komplett zusammenschiebbar für den Transport. Mit Lederriemen kann das Gestell im Transportzustand geschnürt werden. Wenn der Produzent nun noch einen Transportsack mitgibt, dann freut sich das Malerherz.

Stuhl – Durchdringung von Leistenbündeln: Zwei Leistenbündel bilden den Sitz und die Rückenlehne und sind so zusammengefügt, dass sie ineinander verschoben werden können: der Abstand der Leisten entspricht ihrer Stärke. An den Enden sind sie durch Querhölzer gefasst und haben somit ihre Stopppunkte. Mit dem aufgesetzten Holz auf den Leisten der Rückenlehne werden die Hirnholzflächen der Leisten abgedeckt: konstruktiver Holzschutz. Während alle Leisten einen gleichmäßigen Querschnitt haben, so weist die Hauptdiagonale für Bein und Rücken einen konisch zulaufenden Querschnitt auf. Ein Stab weicht von den anderen ab: Damit wird gestalterische Spannung in die Erscheinung gebracht.

Feldhocker – Rundstäbe grätschen: Ein bisschen erinnert dieser Hocker an aufgestellte Bohnenstangenbündel. Drei Rundstäbe sind durch einen

Spezialbeschlag, sternförmig verbundene Gewindestäbe, so miteinander verbunden, dass sie drehbar gelagert sind. Sie gehen nur soweit auseinander, wie der Ledersitz es zulässt. Im geschlossenen Zustand hilft ein Lederbändel, die Beine zusammenzuhalten.

Möbelklassiker wie
Liegestuhl, Staffelei, Stuhl
und Feldhocker bergen
konstruktive Anreize.

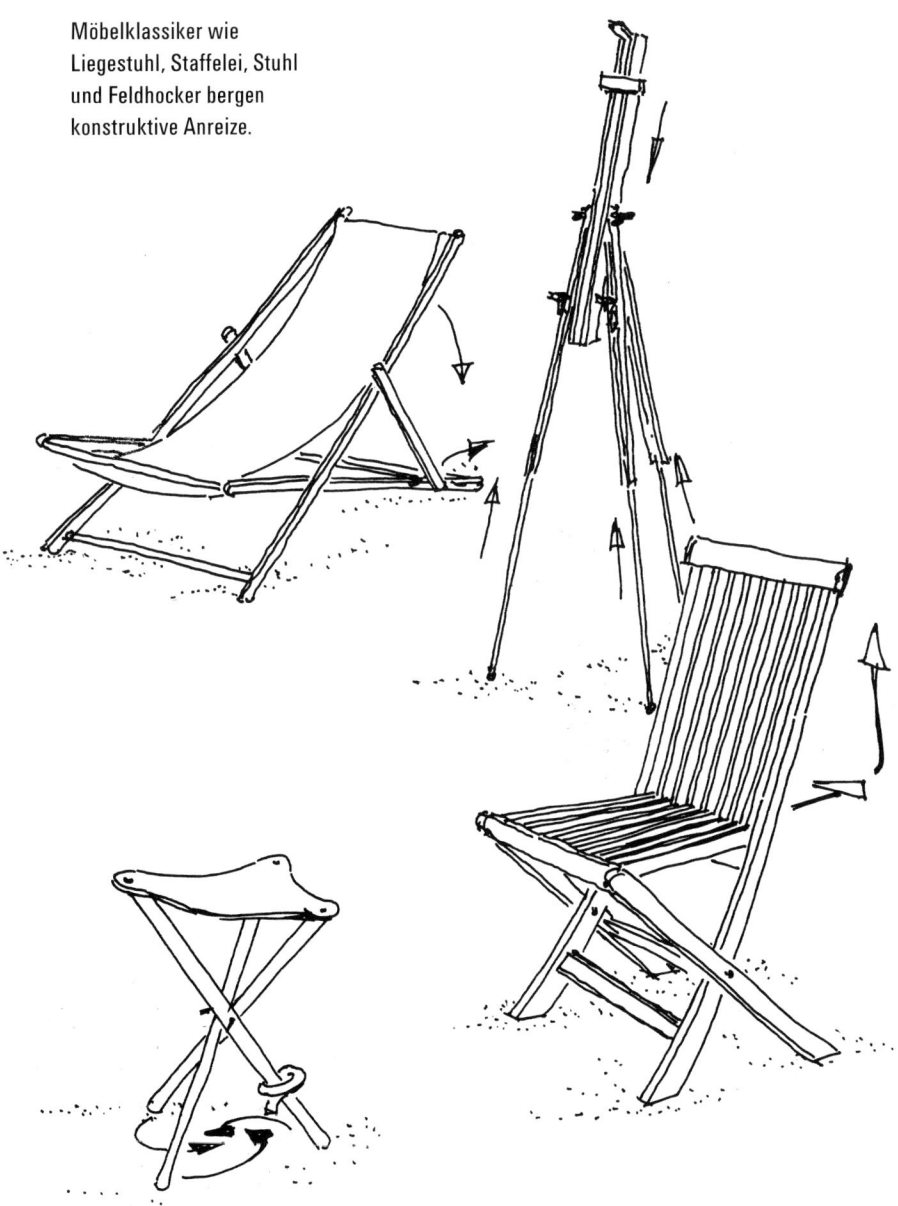

Architektur
des Wohngartens

Wege, Stege,
Treppen

Der Weg

Das wäre was, wenn unsere Gärten so groß wären, um mit dem Fahrrad darin fahren zu können. Aber es gibt Wege, die Assoziationen in uns wecken, zum Beispiel an einen Dünenweg. Holzwege schaffen das. Und selbstvergessen darüber geschlendert, mag sogar das Bild vom Urlaub wach werden ...

Ein Weg kann natürlich gerade auf der kürzesten Verbindung von A nach B geführt werden – als Wegführung für Rationalisten. Nur laden schnurgerade Wege eher zum schnellen Gehen ein als zum Schlendern. Gekrümmte Wege, womöglich die Breite variierend, sind schon eher für Genießer – in die sich viele der Rationalisten am Wochenende und am Feierabend verwandeln. Für Romantiker darf dann ein gewundener Weg auch durchaus noch etwas verwachsen sein und an geschützten Sitzmöglichkeiten vorbeiführen.

Der Weg im Bogen und mit einem Zielobjekt Wer seinen Weg im Garten als geschlossenen Bogen anlegt hat einen Vorteil: er kann regelrecht spazieren gehen – immer in einer Richtung. Führt der Weg aus-

schließlich von A nach B, muss am Endpunkt immer gewendet werden. Vom Rundweg aus können durchaus Stichwege abzweigen, schön ist es, wenn an deren Endpunkt dann ein Ziel steht, das auch aus einiger Entfernung schon gesehen wird: eine Bank, eine Statue, ein markanter Topf mit einer Solitärpflanze. Denkbar auch, dass am Ende ein kleines Häuschen steht oder ein Gartenschrank.

Das angenehme an angelegten Wegen ist ihre relative Unabhängigkeit von der Witterung. Auf ihnen kann wesentlich früher nach einem Regen gegangen werden als auf Rasen oder Erde. In einem Nutzgarten werden in der Regel Gartenschuhe angezogen, bei den heutigen Ziergärten ist der Schuhwechsel nicht so geläufig. Mit den Straßenschuhen mal eben nach den frisch gesetzten Pflanzen schauen, ohne nachher mit dem Spachtel Erdklumpen zu kratzen – der angelegte Weg macht es möglich. Was beim Ziergarten schon den Komfort steigert, wird beim Wohngarten zum Dreh- und Angelpunkt. Gartenbereiche werden umso eher genutzt, je mehr sie auch bei Übergangswetter ohne große Verschmutzung begangen werden können.

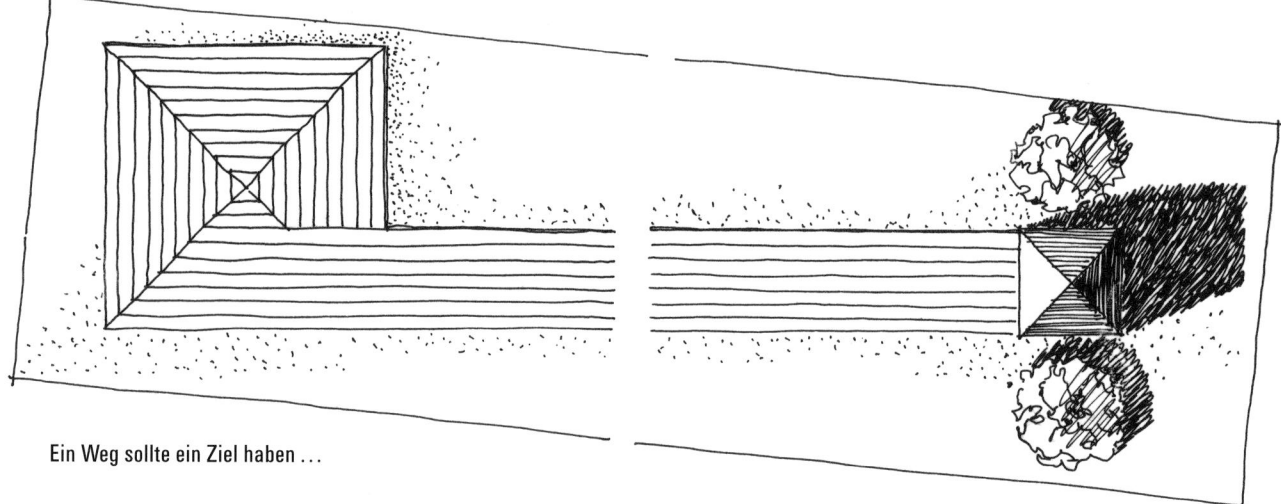

Ein Weg sollte ein Ziel haben ...

Die Wegbreite Die Schleichpfade im Wald sind ganz schmal, 30 cm reichen. Im heimischen Garten genügt das gerade fürs Gemüsebeet. Für bequemes Laufen wäre eine Breite von 70 cm schon besser. Hier kann ein einzelner Mensch uneingeschränkt schlendern, mit »Bauch einziehen« kommen auch zwei Personen aneinander vorbei. Wollen diese allerdings nebeneinander her gehen, so müsste der Weg schon mindestens 120 cm Breite haben. Eine Breite, die für Wege in Gärten von Wohnanlagen mindestens vorzusehen ist, für eine behindertengerechte Nutzbarkeit

sollten Wege schon mindestens 165 cm breit angelegt sein. Für den privaten Hausgarten mit durchschnittlichen Ansprüchen ist die Wegbreite mit 70 cm bis 120 cm ausreichend dimensioniert.

Wegmodule Üblicherweise verläuft der Weg ohne Unterbrechung am Stück. Ihn kann dann auch ein Mensch benutzen, der nur eingeschränkt gehen kann. Mit Bohlen längs oder quer lässt sich ein solcher Weg bauen. Die Laufgeschwindigkeit lässt sich senken und das bewusste Beschreiten eines Weges

… so ist auch der Potsdamer Schlossgarten angelegt.

Dieses Holzdeck »schwebt« über dem Gras und lädt zum Verweilen ein. Planungsgemeinschaft Remisenpark, Freiburg, gebaut von Siedel Bau GmbH, Potsdam

steigern, verläuft der Weg in Schlangenlinienform, hat Knicke oder löst sich in Wegstücke auf. Auch ein Weg mit abständig verlegten Trittplatten fordert das bewusste Gehen. In eine Holzkonstruktion übertragen, könnte der Weg aus Holzelementen gebildet werden, die mit Abstand hintereinander, eventuell auch versetzt, nebeneinander liegen.

Solche Wegmodule könnten z. B. eine Breite von 70 cm haben. Sie können komplett gefertigt ab Werkstatt geliefert und im Garten schnellstens ausgelegt werden. Der Vorteil solcher Module ist die überaus kurze Montagezeit und die Möglichkeit, durch Addition Terrassen auszulegen. Wer die Module trapezförmig zuschneidet, der kann gerade wie auch geknickte Wege legen.

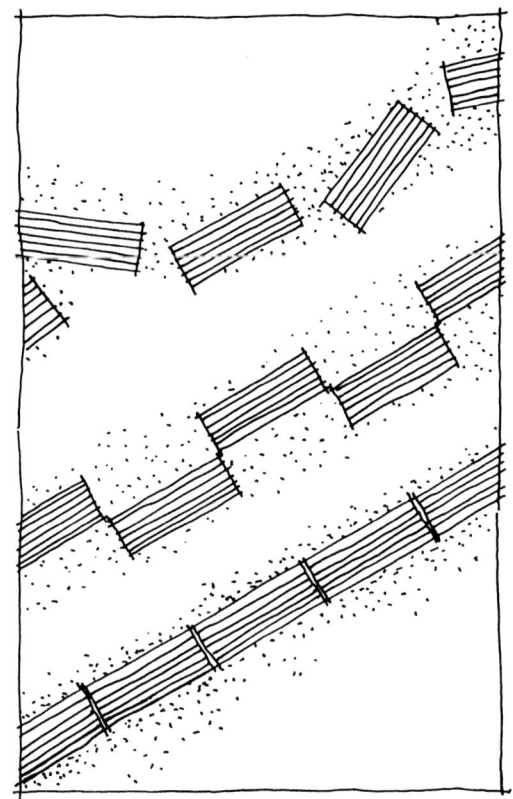

Unterschiedliche Verlegemöglichkeiten mit Wegmodulen – der Phantasie sind keine Grenzen gesetzt!

Holzsteg über einen Bachlauf

Der Steg

Ein Steg im Garten – im Sinne einer kleinen Brücke, denn für einen Bootssteg wird kaum ein Garten in Frage kommen – kann auflockernd wirken. Bilder von Impressionisten werden wachgerufen, an Berge und Täler erinnert er oder an asiatische Gartengestaltun-

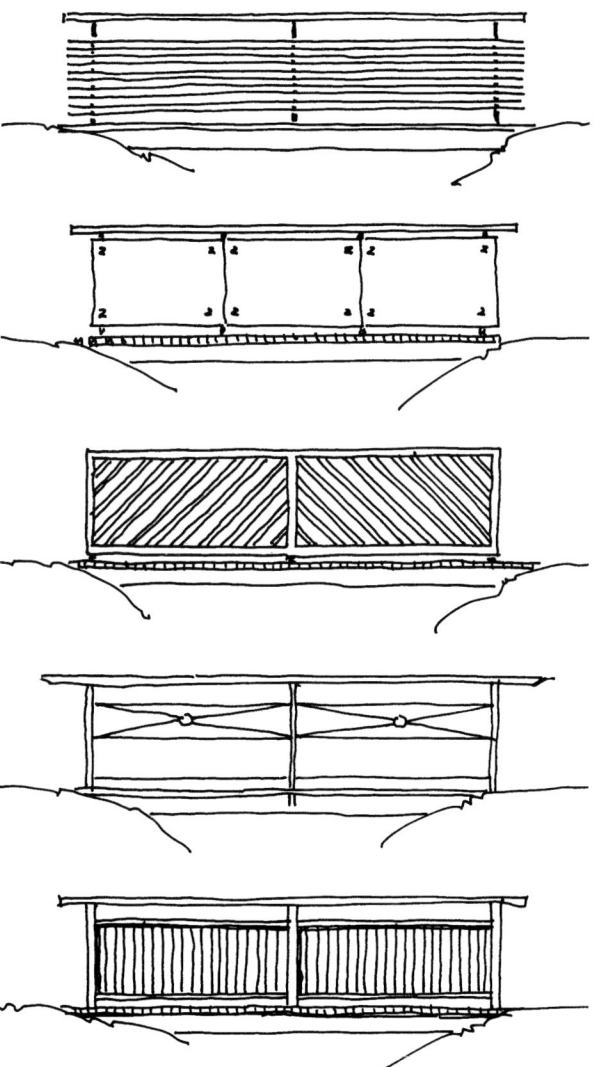

Beispiele für Brückengeländer

gen. Er lässt eine stärkere Modellierung des Bodens zu als es ohne ihn möglich wäre. Über einen kleinen Graben schwingt sich dann der Steg hinüber, und fast nichts ist schöner, als mitten auf ihm zu stehen und in das »Tal« hinunter zu sehen. Er gehört mit zu den Produkten, die für Gärtner mit gesteigerten Ansprüchen an die Gartengestaltung in Frage kommen.

Konstruktion Als Erzeugnis ist ein Steg recht praktikabel, er lässt sich weitgehend in der Werkstatt fertigen und wird als komplettes Bauteil auf die Baustelle gebracht.

Am einfachsten in Wirkung und Konstruktion wird ein gerader und ebener Steg sein. Die Bodenbretter können auf zwei Balken aufliegen. Brüstung und Handlaufkonstruktion werden seitlich an die Balken montiert. Die meisten Brückenbauten für Straße und Eisenbahn weisen eine ebene Streckenführung auf. Allenfalls eine leichte Krümmung wird eingebaut, um das Wasser abzuleiten.

Auch wenn das Gelände vielleicht weniger als einen Meter tiefer ist, eine größere Brücke im Garten lebt vom Geländer. Ob eine strenge formale Ausbildung mit waagrechten Leisten in Frage kommt oder eine Lösung mit Glas- oder Lochblechplatten, diagonalen oder senkrechten Paneelen, einfach mit diagonal gespannten Seilen oder eine noch andere Lösung, ist mit der Gesamtgestaltung des Gartens abzustimmen – und mit der Architektur des Hauses. Anspruchsvoller und in der Herstellung komplizierter ist ein geschwungener Steg. Auch hier können die Bodenbretter auf Balken aufliegen. Um Aufbauhöhe zu sparen, können die Bodenbretter auch zwischenliegend und auf Metallwinkeln aufliegend montiert werden. Die Balken bieten dann mit der oberen und seitlichen Fläche Möglichkeiten der Befestigung für Brüstung und Handlaufkonstruktion.

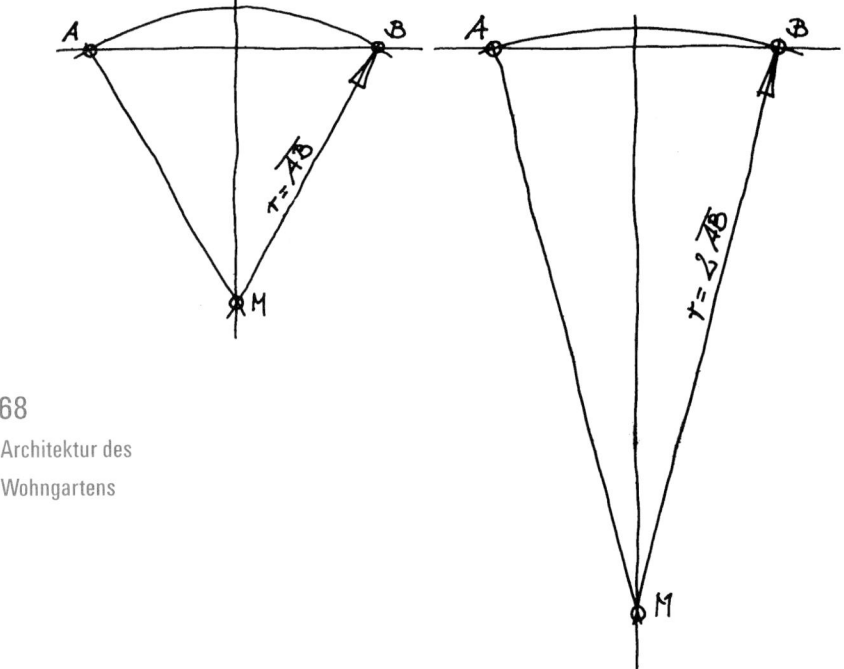

Berechnung des Radius,
links: Steigung i. A. 57,7 %, rechts: Steigung i. A. 25,8 %

Der Radius Der Radius geschwungener Stege darf nicht zu klein sein. Zwar schwingt sich bei einem kleinen Radius der Steg besonders markant aus dem Umfeld heraus, doch erschwert er das Darüberlaufen, denn je kleiner der Radius, umso steiler ist der Beginn. Insbesondere wenn den Benutzern das Laufen absehbar schwieriger werden könnte in dem nächsten Jahrzehnt, würde ein Steg mit weniger Krümmung langfristig mehr Freude machen. Für Personen mit eingeschränkter Bewegungsfähigkeit und für Rollstuhlbenutzer würden sich idealerweise Krümmung, Breite und Konstruktion an die Angaben bei Rampen orientieren und 6 % maximaler Steigung nicht überschreiten, wobei diese Radien sehr groß sind und der Schwung eher dezent.

Zwei Radien bieten sich besonders an:

Im linken Fall der Skizze beträgt er so viel, wie der Abstand der Auflagerpunkte ist. Stichbögen an Fenstern werden so ermittelt. Allerdings beträgt hier die Steigung an den Auflagerpunkten, also beim Start des Bogens, immerhin stattliche 57,7 %.

Im rechten Fall hat er die doppelte Länge des Abstandes der Auflagerpunkte. Dieser Radius lässt sich recht simpel mit einer Schnur ermitteln. Die Schnur von Punkt A nach Punkt B und wieder zurück führen, in die Länge ziehen und los kann es gehen mit dem Anreißen. Noch bequemer geht's natürlich per CAD-Ausdruck. Brücken mit diesem Radius haben immer noch eine Anfangssteigung von 25,8 %.

Die Treppe

Treppen sind ähnlich wie Stege Bauteile, die in der Regel in der Werkstatt komplett gefertigt werden können. Zumeist wird ihre Stufenzahl nicht allzu groß sein. Bei Haustreppen kann ein bequem zu begehendes Steigungsverhältnis gerechnet werden nach: 2 × Setzstufe + 1 × Auftrittstiefe = ca. 62,5 cm. Die Summe kann zwischen 59 cm und 65 cm liegen. Diese Strecke entspricht dem durchschnittlichen Schrittmaß.

Ein günstiges Steigungsverhältnis liegt bei 17 × 29 cm. Treppen in Außenbereichen allerdings dürfen etwas flacher sein, z. B. 16 × 30 cm, bei schwach geneigtem Gelände ruhig noch wesentlich flacher.

Die Breite der Treppe sollte mindestens 80 cm betragen, je breiter, desto großzügiger wirkt sie und desto besser lässt sie sich begehen.

Gartensicherheit und Mobilitätshilfen

Seitliche Begrenzung des Wegs

Aus verschiedenen Gründen kann eine seitliche Begrenzung des Wegs sinnvoll sein. Ist sie mit dem Wegbelag flächenbündig oder bis max. 2 cm erhaben, so stellt sie für Wagen kaum ein Hindernis dar, begrenzt aber das Ausbreiten der Pflanzen. Begrenzungen in der Höhe von ca. 10 cm helfen Rollstuhlbenutzern, nicht vom Weg abzukommen und sind insbesondere bei abschüssigem Gelände positiv. Diese erhöhten Wegbegrenzungen bieten zudem Blinden mit ihrem Langstock Orientierung. Wer die Wegbegrenzung zum Wegmaterial farblich stark kontrastiert, der erleichtert Menschen mit eingeschränkter Sehfähigkeit, auf dem Weg zu bleiben.

Der Handlauf Einen Handlauf wird zwar kaum ein Weg benötigen, es sei denn die Absturzhöhe wäre mehr als ein Meter. Trotzdem kann es überlegenswert sein, eine Geländerkonstruktion einzuplanen, denn ein Geländer kann mehr Aufgaben haben als ausschließlich Absturzsicherung.

> Dem einen dient diese dann zum kurzen Ausruhen und Festhalten,
>
> der andere setzt sich drauf – oder mehrere nebeneinander wie auf dem Weidezaun,
>
> wieder andere nutzen diese Konstruktion, ihr Werkzeug anzulehnen, oder
>
> noch schöner, um Kästen, Körbe und Schalen abzuhängen oder daraufzustellen.

An einer Rampe ist nach DIN 18025 »Barrierefreie Wohnungen« beidseitig ein Handlauf in Höhe von 85 cm vorzusehen, bei Treppen und Stegen ebenfalls. Bei Podesten und Beginn und Ende des Bauteils wird der Handlauf waagrecht mindestens 30 cm weitergeführt. Dieser Überstand erlaubt Rollstuhlbenutzern, Stockträgern und anderen Menschen, die nicht gut zu Fuß sind oder Lasten schleppen, im sicheren Stand umzugreifen und dann gesichert den Auf- oder Abstieg zu beginnen. Der Durchmesser des Handlaufs liegt zwischen 3,0 und 4,5 cm.

In den Landesbauordnungen wird die Handlaufhöhe nicht genau definiert. Nach DIN 18065 soll der Handlauf so angebracht werden, dass er bequem genutzt werden kann, benannt wird eine Höhe von 80 cm bis 115 cm über Stufenvorderkante.

Überlegt werden könnte auch, ob mancher Weg einen Handlauf bekommt. Für Menschen mit Gehbehinderungen kann er hilfreich sein. Je nach Ausformung des Handlaufes aber kann er auch eine andere Funktion erhalten: Er lädt ein, beim Spaziergang zu verweilen und sich rückwärts an ihn anzulehnen – um die Umgebung zu genießen, um entspannt zu plaudern. Breiter als üblicherweise müsste er dazu sein, mit einer leichten Innenrundung und auch an der Kante mit Körperberührung abgerundet.

Absturzsicherungen Absturzsicherungen sind vorzusehen an Treppen und Bauteilen, bei denen sich ein tiefer liegendes Gelände anschließt. Bei Absturzhöhen bis 12 m ist ein Geländer mit einer Höhe von mindestens 90 cm einzubauen. Beträgt die Höhendifferenz weniger als einen Meter, kann auf ein Geländer verzichtet werden. Fraglich ist nur, ob nicht doch dem Sicherheitsbedürfnis mit einem waagrechten Stab entsprochen werden sollte.

Üblicherweise sind Geländerhöhe und Höhe des Handlaufs identisch. Das ist aber keineswegs notwendig. Für einen gesteigerten Komfort in der Benutzung ist oft eine Trennung der beiden Elemente positiv. Insbesondere im privaten Wohngarten wird ausschließlich ein Handlauf notwendig sein.

Ein Geländer kann mehr Aufgaben haben als nur die Absturzsicherung.

Rampen Treppen und Rampen braucht man immer wieder, um Höhenunterschiede im Garten zu überwinden. Zumeist aber werden sie wohl am Haus benötig, um Terrassen und Türen zu erreichen. Was in vielen Fällen von Treppen übernommen wird, ist mit dem Angewiesensein auf den Rollstuhl plötzlich zu Ende oder das Hochtragen von Kinderwagen und Schubkarren wird auf Dauer doch als zu lästig empfunden und eine Rampe vermag den Komfort zu steigern.

Rampen sind meist länger, als einem lieb ist. Und so wird die Steigung recht kräftig gewählt, um an Länge zu sparen. Über die Jahre hinweg allerdings bewährt sich eine bequem zu benutzende Rampe. Rampen für Rollstuhlfahrer können ein Anhaltspunkt sein. Deren Steigung darf 6 % nicht übersteigen und sie sollen nach 6 m ein ebenes Zwischenpodest mit der Größe von 150 cm auf 150 cm aufweisen. Die Rampe muss mindestens 120 cm breit sein.

Seitlich an der Fläche gilt es eine Begrenzung als Radabweiser von mindestens 10 cm Höhe zu montieren, damit der Rollstuhl nicht vom Weg abkommt. Schwellen wie kleine Höhensprünge sind zu vermeiden, max. 2 cm sind denkbar.

Um Regenwasser von der Rampe ablaufen zu lassen, neigt sie mancher Erbauer und gibt ihr so ein Quergefälle, aber das Befahren mit dem Rollstuhl wird dadurch schwieriger. Vermeiden lässt sich dieses Erschwernis, wenn am Fußpunkt der Rampe eine Entwässerungsrinne eingebaut wird. Bei einer Konstruktion mit einzelnen Brettern, die auf Abstand montiert werden, ist das Thema Wasserableiten erledigt. Es verschwindet sofort im Zwischenraum – und sollte seinen Weg unter der Rampe möglichst schnell finden, um Staunässe unter dem Holz zu vermeiden.

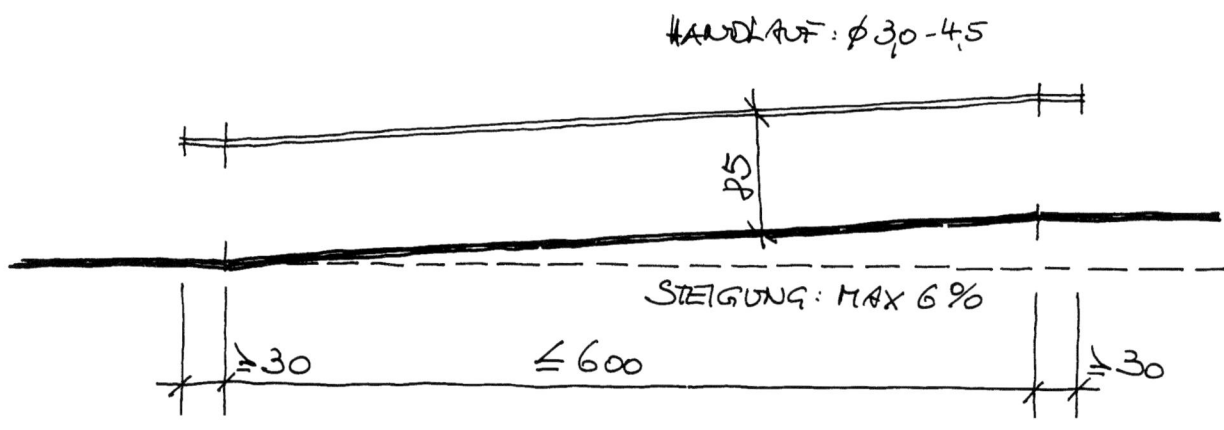

Idealer Steigungsverlauf einer Rampe

Terrassen und Plätze

Noch nie dürfte es so viele Terrassen gegeben haben wie in unserer Zeit. Nachdem aus den Nutzgärten zunehmend Ziergärten wurden und bei Einfamilienhäusern insbesondere der Reiz darin liegt, möglichst übergangslos ins Freie zu kommen, schiebt sich vor die Fassade eine befestigte Fläche: die Terrasse. Andere Terrassen sind übergroße Balkone in den Obergeschossen und auf Dächern. Für unser Thema interessant sind aber auch all die Flächen, die im Garten verteilt sind und als befestigte Fläche zum Sitzen, Liegen und Plauschen verwendet werden.

Die Sitzflächen direkt am Haus werden in der Regel zugleich mit dem Haus angelegt und weisen Steinbeläge auf. Hier ist unter Umständen erst bei Erneuerungen an einen Holzbelag zu denken. Eher einen Einfluss auf die Erstgestaltung haben wir bei befestigten Flächen, die zu einem späteren Zeitpunkt frei im Garten angelegt werden. Ihre Platzierung entsteht und resultiert aus den Erlebnissen, Erfahrungen und eingeschliffenen Gewohnheiten – aus dem Wohnen im Garten. So etwas dauert ein paar Jahre.

Erst nach einiger Zeit sind all die Stellen entdeckt, an denen genau diejenige angenehme Besonnung herrscht, die zu einem Zeitpunkt wie Feierabend so angenehm ist, oder aber der Ort gefunden, der den versteckten Blick auf einen Weg erlaubt, oder aber ein Solitude-Plätzchen zum Träumen. Manch ein Garten hat dann plötzlich zwei oder drei solche befestigte Plätze in unterschiedlicher Größe für unterschiedliche Nutzungen.

Die Dimensionen Der Sitzplatz für das gemütliche Essen mit Freunden kann fast nicht groß genug sein. Die Fläche für den lauschigen Sitzplatz kommt mit wenigen Quadratmetern aus. Das schöne an den Holzkonstruktionen ist, dass sie mit wenig Montageaufwand angelegt werden können, deshalb sie

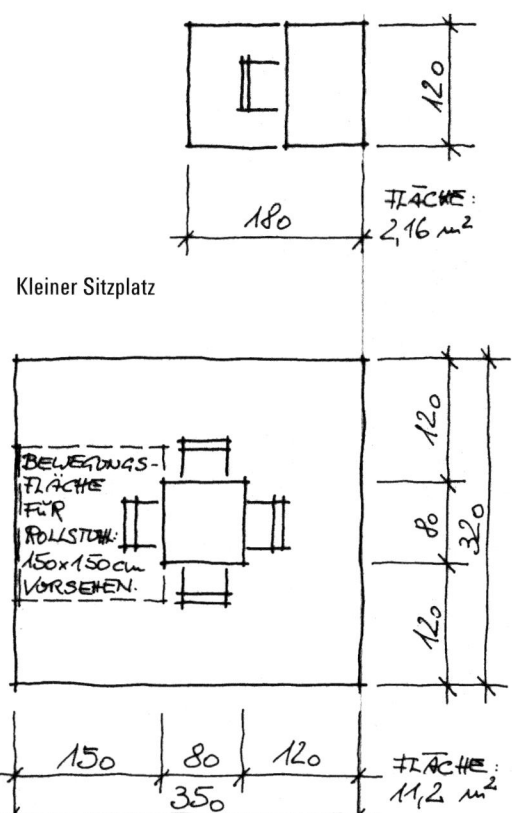

Kleiner Sitzplatz

Sitzplatz für 4 Personen

Sitzplatz für 12 Personen

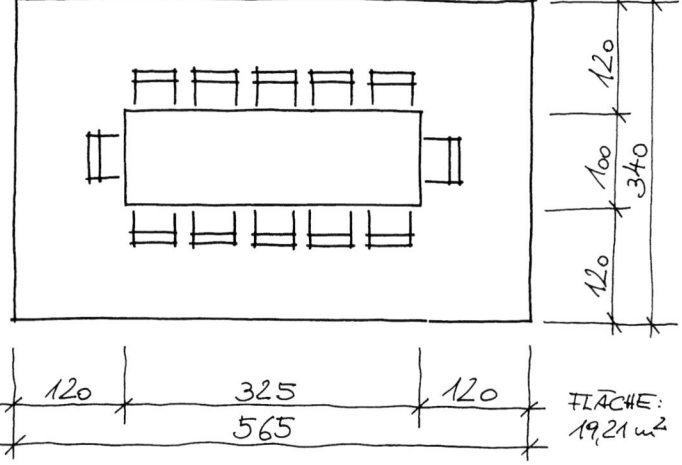

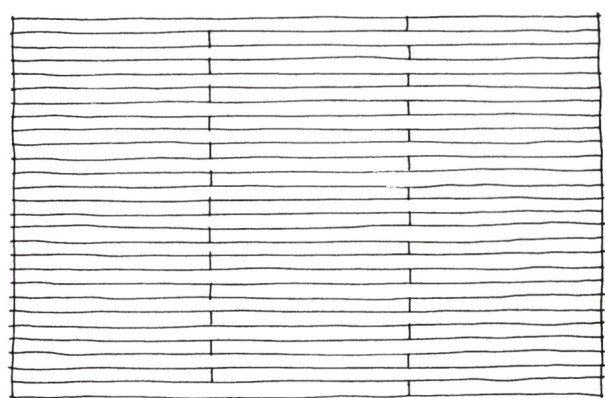

auch besonders geeignet für den Bau nach der Fertig-
stellung des Hauses. Je nach Nutzung errechnet sich
eine Minimalfläche von:

	Maße in cm	Fläche
Fläche für Einzelplatz	120 × 180	2,16 m²
Fläche für kleine Sitzgruppe	320 × 350	11,20 m²
Fläche für Tischgruppe mit		
12 Personen	340 × 565	19,21 m²

Bei direkt der Wohnung zugeordneten Freisitzen wie
Terrasse, Loggia oder Balkon empfiehlt die DIN
18025-1, barrierefreies Wohnen, eine Größe von
4,5 m². Bei der Planung ist eine Bewegungsfläche von
1,50 × 1,50 m für den Rollstuhl vorzusehen.

Solche Flächenberechnungen haben aber immer
nur die Aufgabe, einen ersten Anhaltspunkt zu geben. Bei einer Planung sollte man lieber den groß-
zügigen Weg gehen und die Terrassenflächen über-
dimensionieren. Denn beim nächsten Fest im Garten
kommen mehr Gäste als im Jahr zuvor, und schon
sind ein paar Quadratmeter Zusatzfläche gut, die im
Übrigen sonst zum Aufstellen des Liegestuhls neben
der kleinen Tischgruppe genutzt werden kann.

Geländer und Absturzsicherung Sind wegen der Absturzsicherung oder als Gliederungselement Geländer und Brüstungen vorgesehen, so sollten sie ab einer Höhe von 60 cm durchsichtig sein: Glas oder
Konstruktionen aus Leisten bieten sich dafür besonders an.

Gliederung und Gestaltung der Fläche Wer die Fläche
eines Balkons mit Holzdielen auslegen will, wird
kaum darüber nachdenken, ob er die Richtung der
Dielen wechseln soll. Er wird sie längs legen, wenn er
die Längsrichtung betonen will, oder quer, wenn er
dadurch die Breite betonen will; je nach Architektur
mag auch eine Verlegung in einem Winkel in Frage
kommen. Wenn es irgendwie möglich ist, sollten die
Dielen am Stück verlegt sein.

Bei größeren Flächen, wenn das Maß in Dielen-
richtung länger ist als die Diele selbst, wird man sich
überlegen müssen, wie mit den Stößen umzugehen
ist. Dabei gilt es, die Verlegeinformationen der Hersteller und den Holzschutz (s. S. 56) zu berücksichtigen. Wer direkt stößt wird diese Stelle später in der
Gesamtwirkung kaum erkennen. Wer zwischen den
Stirnseiten eine Fuge lässt wie an der Längsseite, wird
dieser Stelle eine markante Wirkung geben. Zwei
Möglichkeiten bieten sich an: die Stöße im Rhythmus
versetzt oder alle an die gleiche Stelle, sodass ge-

Terrasse und Sitzplätze
mit integrierten Birken-
bäumen, Koeber
Landschaftsarchitektur
Stuttgart

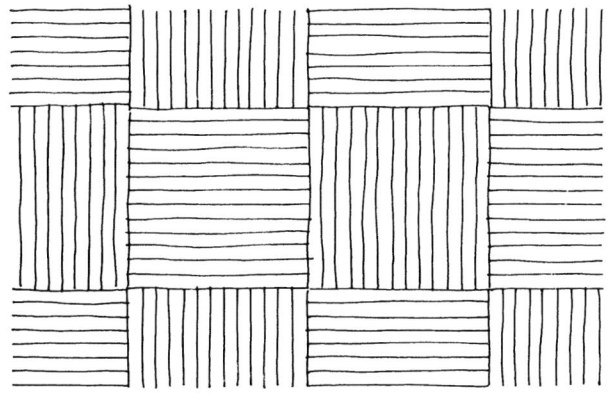

schlossene Felder entstehen. Allerdings ist die Unterkonstruktion hierbei anders auszulegen. Die kreuzweise Verlegung bringt sicherlich eine Menge Leben in die Fläche, zu entscheiden ist, ob die starke Prägung der Fläche auch wirklich gewollt ist. Denn Pflanzen um die Fläche, Töpfe und Schalen auf der Fläche und das ganze Mobiliar bringen so viel Abwechslung, dass ein ruhiger Boden dafür eine gute Basis bildet.

Je größer die Flächen werden, umso eher bietet es sich an, durch Richtungswechsel die Fläche zu beleben. Selbst relativ kleine Winkelstellungen haben eine stark belebende Wirkung. Kombiniert mit kleinen Höhensprüngen können spannungsvolle Flächen entstehen. Eine andere Möglichkeit wäre, in die

Gesamtfläche durch Öffnungen eine Spannung einzubringen.

Bei runden Öffnungen – Kreisform, Ellipse oder freie Schwünge – bleiben die Stirnseiten sichtbar, bei geraden Kanten kann der Rand durch Einfassung mittels Dielen betont werden. Das Dreieck ist mit einer schmalen Fassung versehen, das Rechteck betont durch mehrere breite Dielen. Wer nun noch einen Materialwechsel umsetzt, der betont die Öffnung intensiv. Für die Unterbrechung einer großen Fläche müsste nicht immer ein Loch eingebracht werden: ein oder mehrere eingelegte Stäbe in anderer Richtung lockern bereits auf, ebenso wie Unterbrechungen, aus denen z. B. ein Moospolster quillt.

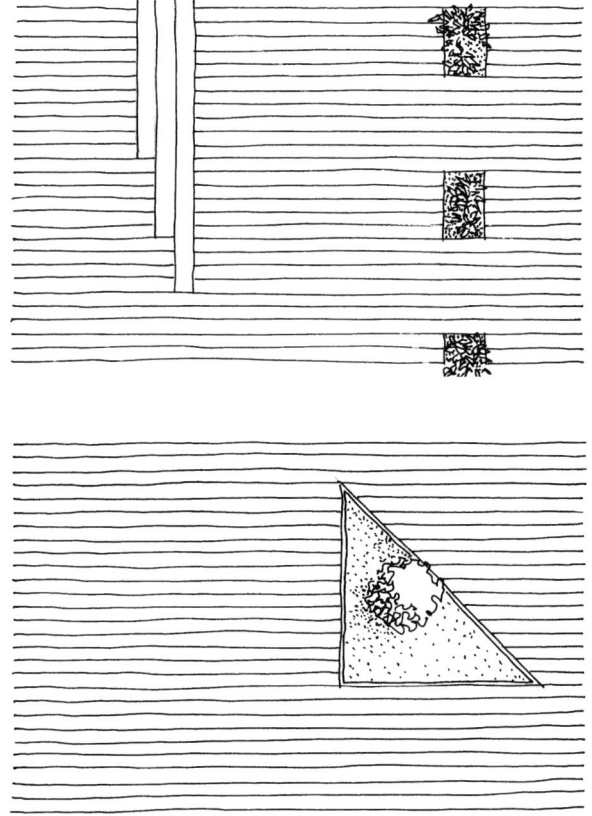

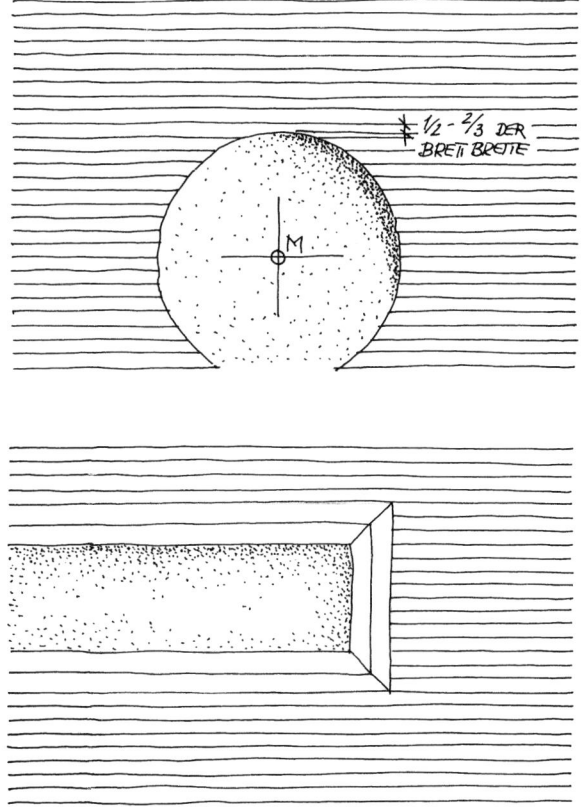

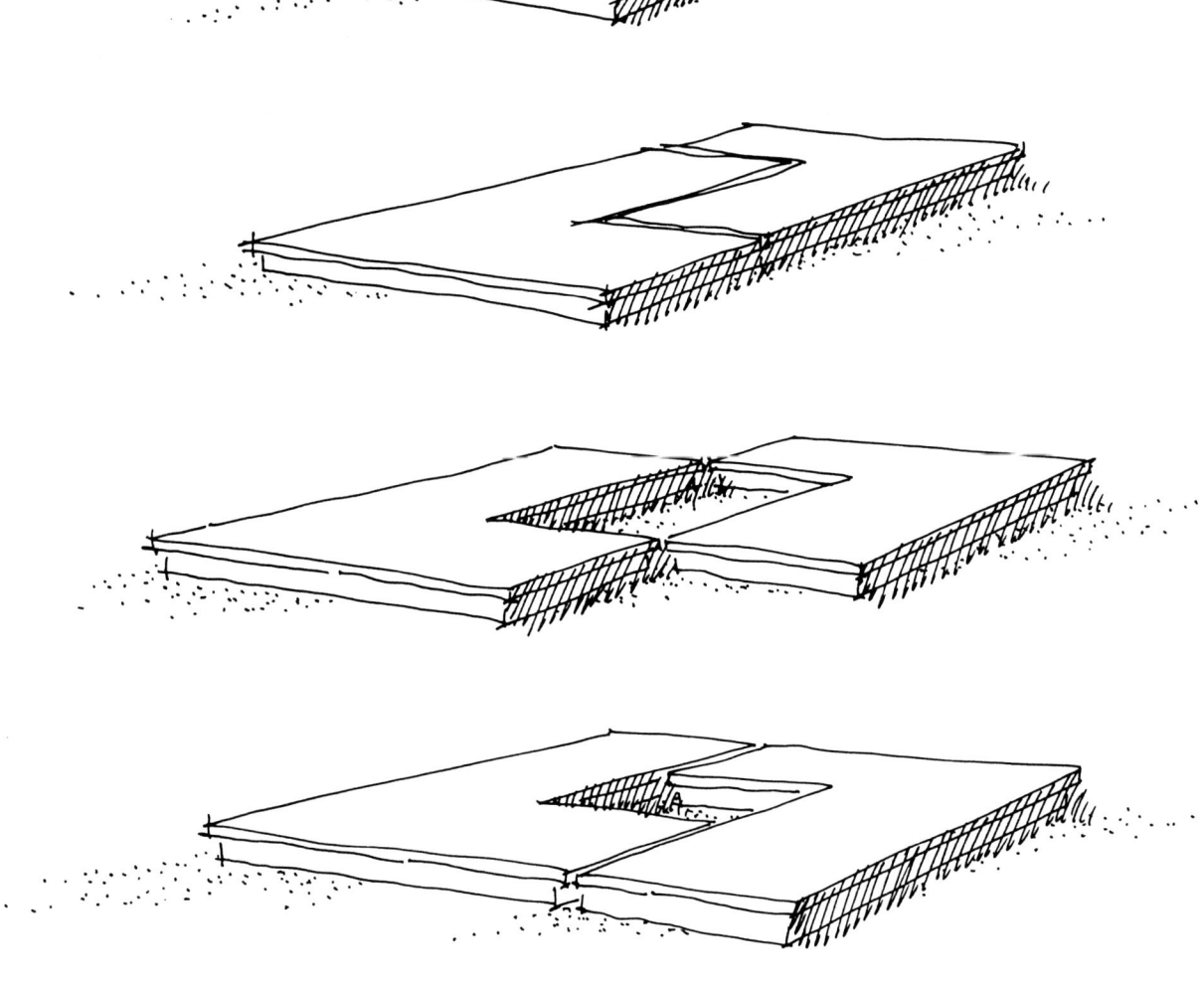

Die transportable Fläche Alternativ oder ergänzend zu fest montierten Flächen kann durchaus auch eine transportable Fläche vorgesehen werden. Hat sie die Größe von ca. 130 × 200 cm, so können Kinder darauf spielen, ein kleiner Sitzplatz oder auch ein Liegestuhl darauf stehen. Die angenehme Besonderheit an ih-nen ist, dass je nach Witterung und Anlass der Ort ge-wechselt werden kann. Niedrige Bepflanzungen kön-nen überstellt werden, sie beanspruchen keine spe-ziell ausgewiesene Gartenfläche. Haben sie am Rand eine Tragevorrichtung, so können zwei Personen den Transport gut bewerkstelligen.

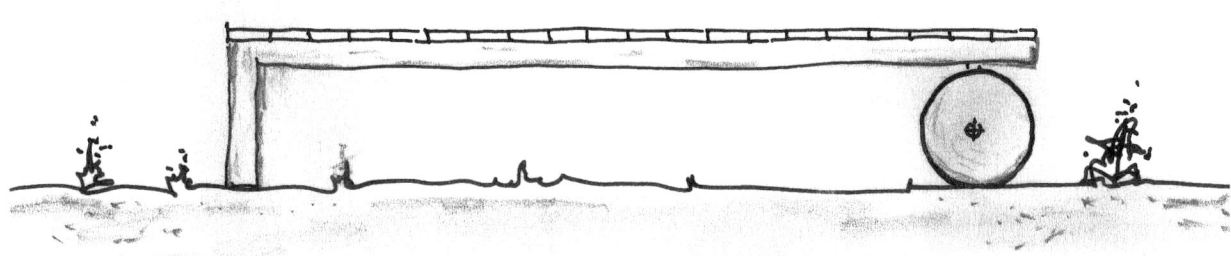

Rollbare Liegefläche

Terrassenbeispiele

Terrasse Schreinerei Grundbrecher, Neuenstadt a. K.
An einem Berghang schiebt sich eine Terrasse wie
eine Kanzel hinaus. Auf ihr lässt sich liegen, um in
das Tal zu schauen. Im Sommer ist alles zugewach-
sen. Zum Teich hin setzt eine Solitärkiefer eine Zäsur,
sie spiegelt sich im Wasser. Diese Terrasse ist Ergebnis einer Zusammenarbeit von Schreiner und Gartenbauer.

Die Terrasse Schreinerei Grundbrecher ist das Ergebnis einer engen
Zusammenarbeit zwischen Schreiner und Gärtner.

Terrasse Schreinerei Wachter, Neukirch Dass die Terrasse über dem Rasen schwebt, ist Absicht. Die Leisten liegen auf zwei parallel laufenden Metallträgern auf und berühren nur an der hinteren Längsseite das Gelände. Damit greift die Terrasse die Thematik des daneben stehenden Gebäudes auf, das sich auf Stützen über den Hang erhebt. Wenn irgend möglich, vermeidet Niko Wachter, Geländeformen zu verändern. Der hohe Rand der Terrassenfläche wird ganz unbewusst von vielen Besuchern zum Sitzen genommen, so Wachter. Die kleinen Möbel bezeugen, wer hier alles lebt.

Terrasse
Schreinerei Wachter

Weg mit Terrasse verkettet Wer vom Parkplatz auf die Terrasse in dem Grundstück will, muss durch eine Türpforte, eine Stufe hinunter, einen Holzweg entlang, einmal zum Haus hinein und gleich wieder hinaus, dann wieder einen Weg entlang und kann sich dann auf die Terrasse setzen. Die spartanisch-bewusste Architektur von Albert Eisele, Villingen Schwenningen, verlangsamt den Schritt der Besucher. Von der Terrasse lässt sich dann die große Grünfläche überschauen. Dort werden später einmal Objekte ganz verschiedener Art stehen, z. B. kleine Holzteile. Helga Becker, Steinheim-Höpfigheim drechselt aus Lust manchmal kleine Figuren, die sich dann im Garten durchs Gras schleichen (s. S. 35).

Raumgliederung, Wetterschutz und Haltesysteme

Gestaltungselemente

Der menschliche Maßstab Entfernungen abschätzen können, sich in großen Räumen orientieren können, Bewegungsbereiche und geschützte Orte finden, das ist es, was mit »menschlicher Maßstab« bezeichnet wird, von dem in der Gestaltung immer wieder die Rede ist. Nachdem Außenbereiche in der Regel großräumiger sind als das Wohnzimmer, braucht es für einen angenehmen Aufenthalt Markierungen und ordnende Strukturen. Bäume, Sträucher, Hecke und Rasen helfen mit, Zäune, Wände und Strukturen aus Stützen und Balken bieten ergänzende Funktionen.

Tische und Stühle sind leicht transportierbar. Sie mögen im Garten zu sehen sein, bestimmen aber nicht dauerhaft und gleichbleibend den Eindruck. Mit fest eingebauten großen und markanten Elementen ist das anders. Dauerhaft aufgestellte und große Elemente prägen den Ort. Ihr Aufstellungsort muss nach gestalterischen und funktionalen Aspekten ausgelegt werden, Besonnung und Hauptwindrichtung spielen zudem eine wichtige Rolle. Für solche Elemente müssen die entscheidenden Aspekte zusammengestellt werden um zu bestimmen, an welcher Stelle und in welcher Richtung sie stehen. Schon ein Fahnenmast prägt durch seine ständige Anwesenheit die Gesamterscheinung. Konstruktionen größerer Dimension mit mehreren Stützen und Querträgern wie Überdachungen, Pergolen etc. tun dies natürlich noch viel stärker.

Weithin sichtbare Elemente bieten dem Auge Anhaltspunkte und lenken die Aufmerksamkeit auf sich. Sie schaffen aber auch Strukturen und bieten Orientierung. »Horst sitzt hinten links vom Geländer«, und jeder weiß, wo Horst zu finden ist. Entfernungen werden durch sie verlässlicher schätzbar. Für ein Schaukelgerüst ist die Größe als Erfahrungswert abgespeichert. Sehe ich nun ein Schaukelgerüst sehr klein, so wird die Entfernung weit sein. Mehrere Elemente erlauben, Abstände besser abschätzen zu können. Pflanzen bieten wesentlich schwierigere Orientierungswerte, schon nach zwei Jahren haben Busch und Baum ihre Größe eklatant verändert und ob dieser dort stehende Flieder nun ein großer ist oder eine kleinere Art ist, kann erst, wenn überhaupt, bei näherer Betrachtung beurteilt werden.

Dominante Elemente prägen nicht nur den Gesamteindruck, sondern sie vermitteln Stimmungen und wecken Assoziationen. Waagrechte Teile vermitteln zum einen Ruhe, als einzelne waagrechte Linie kann es auch bedeuten: Einzäunung, Absperren, Schlagbaum. Dies insbesondere dann, wenn die Linie quer zur eigenen Blick- und Laufrichtung läuft. Verläuft sie parallel dazu, dient sie als Hinführung. Senkrechte Elemente setzen Signale, wie bei der Eisenbahn, vermitteln Dynamik, da will jemand höher hinaus. In ihnen steckt auch Widerstand und Kraft, denn sie müssen Wind und Wetter mit wesentlich mehr Aufwand widerstehen als niedrige Elemente.

Feste Einbauten gliedern, indem sie einen großen Bereich in kleinere teilen, und sie bilden zugleich Räume. Schon vier frei stehende Stützen ohne gebaute Verbindung markieren vier Punkte und umfassen damit einen imaginären Innenraum. Sie bilden Bereiche und sie bieten Anhaltspunkte, um Funktionsflächen zu begrenzen. Innerhalb der vier Stützen: z. B. Sitzen und Liegen, außen herum Blumenbeet und Gemüsezucht. Ähnliches ist mit einem Bodenbelag zu erreichen. Die Holzfläche markiert und symbolisiert: Hier ist ein Aufenthaltsort. Sie zeigt sich als Insel im Außenbereich. Kaum etwas anderes bewirkt der Teppich unter manchem Esstisch.

Steht nun im Außenbereich eine Konstruktion mit geschlossener Fläche – schon ein Zaun kann dies

Flächengliederung
oben: Objekte setzen
Markierungen
unten li.: Eine Fläche
ohne Schwerpunkte
wirkt gleichförmig;
Mitte: Bereits eine Linie
gliedert; re.: Auch ohne
Verbindung bilden die
vier Punkte einen
Innenraum.

sein – wird zum einen der dahinter liegende Bereich verdeckt, zum anderen – wer kennt das nicht von einem Bauzaun? – auch die Neugierde geweckt: Was ist dahinter? So sind höhere Zäune und Bretterwände nicht nur Abschirmung, sondern auch Lenkung der Benutzer. Sie erleben beim Durchschreiten des Außenbereichs ein Davor und ein Dahinter, gerade wie beim Durchschreiten einer Ausstellungshalle, eines Ladens oder eines Bahnhofs. Dabei kann der Bereich vor der Wand andere Stimmungsmerkmale und andere Schwerpunkte haben wie der hinter der Wand.

Die Flächen wie Wände und hohe Zäune können neben ihrer begrenzenden Funktion auch als Hintergrund für Objekte dienen. Eine Skulptur, eine Gewächsvitrine, ein Brunnen oder ein kleines Sitzhäuschen werden durch sie akzentuiert, ähnlich einem Passepartout, das die Wirkung des Bildes unterstreicht.

Der Schattenplatz

Gegen Staub und Sand lässt sich kaum etwas konstruieren außer einem Haus. Innen bleibt der Traum vom Sonnenschein unerfüllt, der draußen auf der Terrasse Wirklichkeit wird. Scheint die Sonne dann mit ganzer Kraft, ist es auch wieder nicht recht, zu viel des Guten, der Kreislauf macht schlapp. Was machen? – Dem Kunden eine Beschattung empfehlen.

Für die exakte Aufstellung von Beschattungen, seien es Dach oder auch Wände in Außenbereichen und auch für die spezifizierte Entwicklung solcher Strukturen werden die Sonnenbahn und auch die Richtung, aus der die Sonne scheint, als Ausgangspunkt dienen.

Ein Sonnenschirm löst das Problem mit dem grellen Sonnenschein durchaus. Neben den Tisch in Richtung der Sonne gestellt, spendet er Schatten, bis die Sonne weitergewandert ist und neben seinem Rand wieder auf die Kaffeetrinker scheint. Dann steht

Schattenwürfe

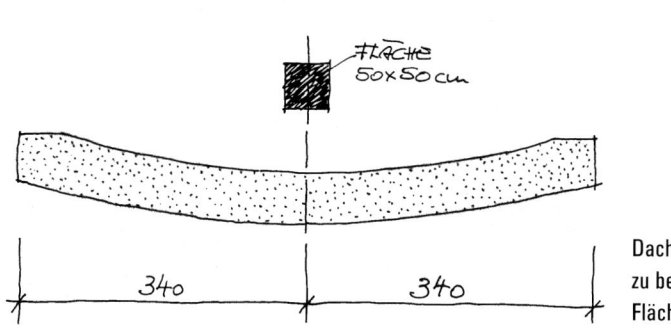

jemand auf, hebt ihn an und schiebt ihn weiter für die nächste schattige Stunde am Tisch.

Für einen einladenden Platz mit verlässlicher und fest montierter Beschattung gilt es, die Wanderschaft der Sonne von vornherein zu berücksichtigen. Der Tag mit dem höchsten Sonnenstand ist die Sommersonnenwende am 21. Juni, an zwei Tagen durchläuft die Sonne in etwa die gleiche Bahn, am 21. März und am 23. September.

An der Skizze »Schattenwürfe« wird deutlich, wie unterschiedlich der Schatten je nach Tag und Zeit ist. Die Schatten werden von einem Quader, der 240 cm hoch ist geworfen. Damit ist auch klar, warum der Sonnenschirm jede Stunde geschoben werden muss.

In der nächsten Skizze wird ermittelt, wie groß eine waagrechte Fläche für die dauerhafte Beschattung eines Rechtecks von 50 × 50 cm sein müsste. Die Beispielskizze zeigt die gewaltigen Ausdehnungen, die notwendig wären für ein Dach in einer Höhe von 240 cm, das allein am 21. Juni, der Sommersonnenwende, von morgens 8:00 Uhr bis nachmittags 16:00 Uhr diese Fläche verlässlich beschatten soll. Die »Wanderung der Sonne« ist so ausgedehnt, dass

Dach für kleine zu beschattende Fläche

schon erhebliche Überlegungen angebracht sind für eine verlässliche Beschattung.

Wer die Breite einer Sitzfläche mit ca. 240 cm zu Grunde legt, der erhält eine Dachbreite von um die 5 m, um diese Fläche zu beschatten. Markanterweise

Die markantesten Zeiten und Winkelstellungen sind:

Die Angaben sind Näherungswerte für mittlere Bereiche in Deutschland

	Datum	Sonnenaufgang	Höhenwinkel von Sonnenstand um 12:00 Uhr	Höhenwinkel von Sonnenstand um 8:00 und 16:00 Uhr und Winkel zur Nord-Süd-Achse	Sonnenuntergang
Wintersonnenwende	ca. 21. Dezember	8:15 Uhr	15,1°	0° – 50,2°	15:45 Uhr
Tag- und Nachtgleiche	21. März und 23. September	6:00 Uhr	38,5°	18,2° – 65,7°	18:00 Uhr
Sommer-sonnenwende	ca. 21. Juni	3:45 Uhr	61,9°	36,7° – 81,8°	20:15 Uhr

ist die schattenwerfende waagrechte Fläche immer um ein bestimmtes Maß in Richtung der Sonne versetzt. Eigentlich leuchtet das ein, nur vor Ort im Garten meint man häufig, der Schattenspender müsse genau über der zu beschattenden Fläche positioniert sein.

Bei dieser Skizze ist auch mit berücksichtigt, dass es nicht nur die Bodenfläche zu beschatten gilt, sondern in Kopfhöhe alle Personen gleichfalls im Schatten sitzen sollen. Ein Sonnensegel, ausgelegt für einen eigentlich kleinen Sitzplatz von 240 × 240 cm, hat gut die vierfache Größe. Von daher kann die Alternative sein, die waagrechte Beschat-

tung mit einer Wand zu kombinieren. In der kleinen Nische lässt sich dann gut beschattet der Kaffee genießen.

Übrigens: wenn jemand den Sitzplatz allein durch eine senkrechte Mauer beschattet haben wollte, müsste er schon fast 600 cm hoch mauern. Oder für seinen Sitzplatz eine geeignete Stelle direkt an seinem Gebäude suchen.

Fassonschnitt des Apfelbaums für Sonnensegel Für leichte Segel und Sichtschutzplanen reichen schon Wäscheklammern und ein Apfelbaum. Wem das zu willkürlich ist, der kann mit Schere und Säge einen

Laubengang vor dem östlichen Seitenflügel von Schloss Sanssouci in Potsdam. Das Schattenspiel solcher filigranen Konstruktionen fasziniert.

Formschnitt vornehmen, um bessere Aufhängemöglichkeiten zu bekommen. Sie können Ihrem Apfelbaum auch einen Horizontalschnitt verpassen: in der Höhe gleichermaßen gestutzt, um auf die Hauptäste und den Stamm eine Bedachung oder waagrechte Planen-Rahmen-Konstruktion zu legen. Zu absurd? Das Motiv gibt einiges her für Eigenkonstruktionen. Denken Sie doch einmal an Ihren Regenschirm mit seiner aufgespannten Konstruktion, oder denken Sie an den Stuttgarter Flughafen, dessen Stützen sich gleichfalls baumartig nach oben verästeln und die schräge Dachfläche tragen.

Beschattungen mit Bündeln aus Bohnenstangen Mit Bohnenstangen würde das System auch funktionieren, mit speziellen Rundstäben aber lässt sich eine passgenaue und elegante Lösung bauen. Nehmen Sie drei Rundstäbe mit einer Länge von gut drei Metern, die in Überkopfhöhe durch einen Beschlag drehbar verbunden werden. Dieses Bündel bildet eine Stütze, die wie das Gerüst eines Indianerzeltes aussieht. Der Vorteil ist, dass die große Standfläche erlaubt, rasch Stütze für Stütze zu stellen, in die Krone oben können Hölzer zur Querverbindung eingebracht werden. Damit die Gesamtkonstruktion nicht beim ersten Windstoß umfällt, empfiehlt sich wie beim Zelt auch, per Abspannseil für Stabilität zu sorgen. Die Bündelstützen und Querhölzer nehmen Stoffe, Folien, Netze und andere hängbare Elemente auf. Gebildet wird ein angenehmer, da geschützter Bereich. Der Vorzug dieser Konstruktion liegt in der hohen Flexibilität der Abstände und in der Ortsunabhängigkeit.

Der Laubengang Der Laubengang am Schloss von Sanssouci zeigt eine durchaus faszinierende Lösung, auch wenn sie zunächst altertümlich wirkt. Entworfen von Georg Wenzeslaus von Knobelsdorff, ist er ein

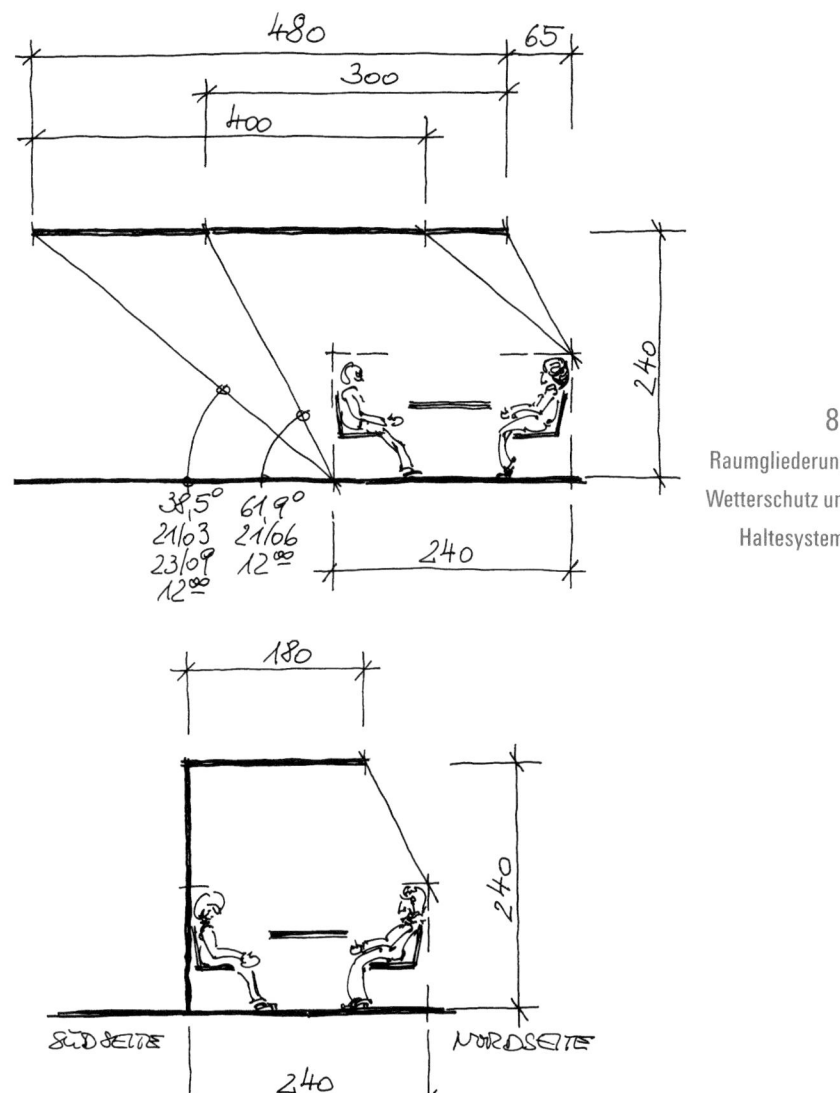

Mindestgrößen für waagrechte Beschattungselemente.

Nagelwerk aus grüngefasstem Holz. Die eigentlich einfache Grundgeometrie von Wand und Dach der Anlage – diagonal aufeinander aufgebrachte Leistenbündel – fasziniert durch ihre häufige Wiederholung. Interessant ist das entstehende Lichtspiel, die Bodenfläche wird durch den Schattenwurf verändert. Bei bewölktem Wetter ist er nicht vorhanden, je stärker die Sonne scheint, desto kontrastreicher wird er. Dieses Lichtspiel hat sein Pendant in Lichtflecken und Schattenwurf auf dem Boden unter Bäumen, allerdings bleibt die Bewegung der Schatten durch die leichte Bewegung der Blätter aus. Je nach Blickrichtung bildet die Wand unterschiedliche »Schließungen«: Aus der Schräge wirkt sie geschlossen, je senkrechter der Blick, umso besser kann hindurchgeschaut werden – das Raumgefühl wird dadurch angesprochen, das Raumerlebnis ist vielschichtig.

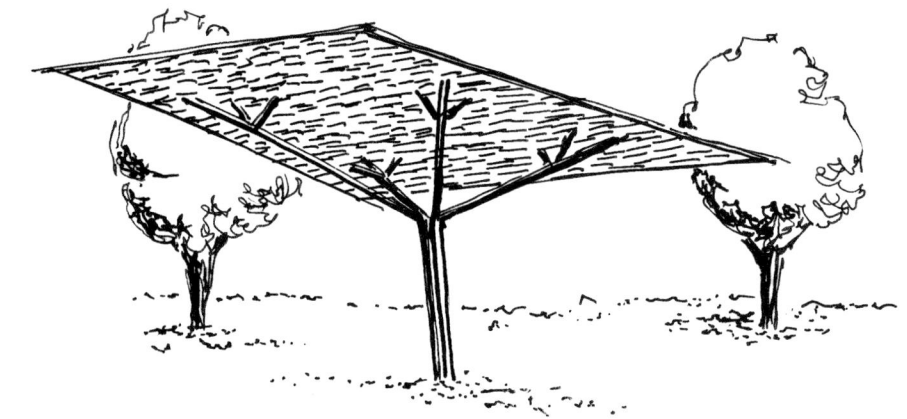

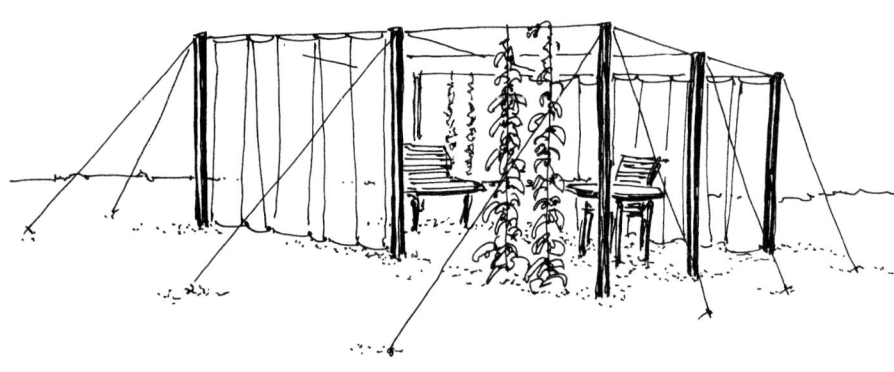

Wind-, Sicht- und Sonnenschutz.

Das diagonale Muster ist signifikant für den Laubengang von Sanssouci. Für neuere Konstruktionen könnten auch andere geometrische Muster eingesetzt werden: Quadrat, Rechteck liegend oder stehend, wobei das Rechteck schmaler oder breiter gewählt werden kann, denkbar auch Überlagerungen von senkrechten und waagrechten Strukturen mit diago-

nalen oder anderen Winkelstellungen der Leisten. Bei Einsatz von Plattenmaterialien könnten auch Stanzungen mit frei gewählten geometrischen Figuren eingebracht werden. Denkbar wäre es, Motive mit Assoziationen zu bestimmten Regionen auszuwählen. Das Aussehen würde sich ändern, das Spiel mit Licht und Schatten würde jedoch immer faszinierend bleiben.

Wind- und Sichtschutz

Steht die schattenspendende Wand am ökonomischsten im Südwesten, so steht die Wand, um den Wind abzufangen und die Luftzüge zu mildern, wohl in den meisten Fällen im Westen des Sitzplatzes. Allerdings gilt es hier, örtliche Besonderheiten zu berücksichtigen, die von der allgemeinen Wetterrichtung abweichen können: Wind entlang des Berges, Windschneisen aufgrund der Gartenbepflanzung etc.

Richtig geschützt lässt sich daher am ehesten in einem mindestes zweiseitig und von oben geschützten Platz sitzen. Es muss aber nicht immer gleich eine feste und dauerhaft montierte Wand sein. Zum Abmildern von Luftzügen sind Windsegel durchaus praktikabel. Sie beleben auch den Freibereich. Wenn sie zudem leicht transportierbar sind, kann das Gartenfest sogar auf der Neckarwiese stattfinden.

In den Kapiteln über die Anforderungen älterer Menschen und auch für Spielbereiche von Kindern war auf den Schutz vor starken Witterungseinflüssen hingewiesen worden. Wichtig ist auch der Sichtschutz. Wer auf dem Präsentierteller sitzt, kann sich kaum unbeschwert entspannen. Und wer wirklich gesehen werden will, wird am Strand oder im Straßencafé besser sitzen.

Hopfenstangen

Hopfenstangen als Raumgliederung Mit 8 m hohen Fichtenstämmen muss im Garten nicht gebaut werden, es sollen ja auch keine weiblichen Hopfengewächse emporklettern, deren Bitterstoffe das Bier würzen. Gleichwohl bietet so ein Hopfengerüst durchaus spannende Ansätze für eine Gliederungs- und Haltestruktur im Garten. Der Abstand der Stangen könnte von den gut sieben Metern auf etwa die Hälfte reduziert werden. Aber das Prinzip des Hopfenstangengerüstes ist eine gute Anregung. Stützen und gespannte Seile überspannen eine größere Gartenfläche. Mit Höhen von 250 cm bis 300 cm würde das Gerüst die Möglichkeit bieten, hoch flexibel und mit verschiedenen Materialien schnell und in unterschiedlichen Erscheinungen Aufenthaltsbereiche zum Ausruhen im Garten zu schützen. An den Drähten lassen sich leichte Rahmenelemente oder Stoffe anhängen, die Schatten spenden, und für den waagrechten Abschluss, das Dach, können Stoffe aufgelegt, eingehängt oder eingespannt werden. Formstabile Elemente lassen sich an den Stützen befestigen bzw. zwischen die Stützen einstecken. Für die Stangenbohnen, die im Boden eingesteckt wurden, kann dann von oben am Draht eine Kletterhilfe angehängt werden.

Sitzplatz mit Paneelwand Geschützt durch eine Wandscheibe aus Paneelen lässt sich an diesem Tisch sitzen. Die wind- und blickdichte Scheibe gibt dem Sitzplatz gewissermaßen einen »Rücken«. Sie wirkt schützend, jedoch nicht einengend, da sie weder winkelförmig und schon gar nicht U-förmig steht oder vierseitig den Platz umschließt. Der Blick kann immer der Wand entlang in die räumliche Weite gehen. Die farbliche Übereinstimmung von Wand und Sitzgruppe bewirkt eine Ensemble-Wirkung.

Lamellenzaun Ein Zaun aus waagrechten Lamellen umschließt den Aufenthaltsbereich in einem Garten. Oder könnte der Innenbereich gar auch schon der ganze Garten sein? Der Zaun wirkt aus größerer Entfernung geschlossener als aus der Nähe. Hindurchsehen ist durchaus möglich, wer ganz nah durch einen Schlitz schaut, sieht völlig ungestört, was draußen vor sich geht. Oder von draußen lässt sich mal spicken, was drinnen so läuft:

> »Durch die Lücke in der Hecke, sagte Susan, sah ich sie ihn küssen. Ich hob den Kopf von meinem Blumentopf und blickte durch eine Lücke in der Hecke. Ich sah sie ihn küssen. Jetzt will ich meine Seelenqual in mein Taschentuch wickeln.«
> *Virginia Woolf*

Sitzplatz vor
Paneelwand

Ein schützender und doch luftiger Ort

Der Zaun mit seinen waagrechten Schlitzen begrenzt einen Raum, er schützt, ohne jedoch einen abgeschlossenen Raum entstehen zu lassen. Geplant wurde das gezeigte Beispiel von Koeber Landschaftsarchitektur, Stuttgart. Spannend wird der Innenbereich durch das Auslegen einer Aufenthaltsfläche mit Brettern, ohne diese an den Zaun stoßen zu lassen, eine Großzügigkeit entsteht. Die Sitzkorpusse betonen die geometrische Gliederung. Die Pflanzen gehören mit zu dem Innenbereich, der Clou ist die Einbindung der Bäume in das Raster des Bodens. Bei einer zeitlich begrenzten Nutzung wie bei der Landesgartenschau in Ostfildern kann diese Ordnung realisiert werden, für dauerhafte Nutzung allerdings müssten die Öffnungen für die Bäume regelmäßig vergrößert, zugleich die Zahl der Bäume reduziert werden.

Haltesysteme

Mit Haltesystemen sind solche Einrichtungen gemeint, die ganzjährig eingebaut sind und deren eigentliche Aufgabe darin besteht, im Bedarfsfall weitere Elemente zu halten. Wer möchte, kann ein Seil oder eine Spannschnur um sie knoten. Kinder können dann mit Decken, Stöcken und Schnüren ihre Konstruktionen bauen. Die Stärke liegt aber darin, an ihnen zusätzliche und auch äußerst bequeme Funktionen durch Erweiterungselemente einbringen zu können.

Eigentlich ist das System bekannt: Die Wäschespinne, gleichfalls der Fahnenmast, wird in eine Bodenhülse gesteckt. Während die Wäschespinne selbst nur in Bedarfszeiten geholt wird, so ist die Bodenhülse fest im Boden verankert. Genauso können auch Sonnenschirme in Bodenhülsen gesteckt werden und somit wäre das Stolpern über die Ausleger der Schirmständer vermieden. In einem ganz ursprünglichen Sinne ist jeder feste Bodenbelag, aus dem dann die Terrasse besteht, bereits ein Haltesystem: vermeidet doch der Belag, dass das Abgestellte im Erdreich versinkt. Mit allergrößter Selbstverständlichkeit werden Gegenstände bis hin zu Pflanzen zum Aufstellen und Befestigen verwendet. Als Beispiel: Peter Mayle schildert vom Antiquitätenmarkt in Isle-sur-la-Sorgue, wie dort Waren angeboten werden. Möbel und Bäume werden zu Haltesystemen, verwendet in nicht beabsichtigtem Sinne, ein Fall des nicht intentionalen Designs:

> »Aber der Morgen war zu sonnig, um ihn im Dämmerlicht eines Lagerhauses zu verbringen, und wir blieben unter den Platanen bei den Ständen im Freien, wo die Lieferanten von hochklassigem bric-à-brac, wie es genannt wird, ihre Vorräte auf Tischen und Stühlen oder auch auf dem Boden ausbreiteten oder an Nägel in Baumstämmen hingen.« *Peter Mayle*

Interessant kann es nun durchaus sein, einmal Produkt-Konzepte zu entwickeln, die auf dem eigent-

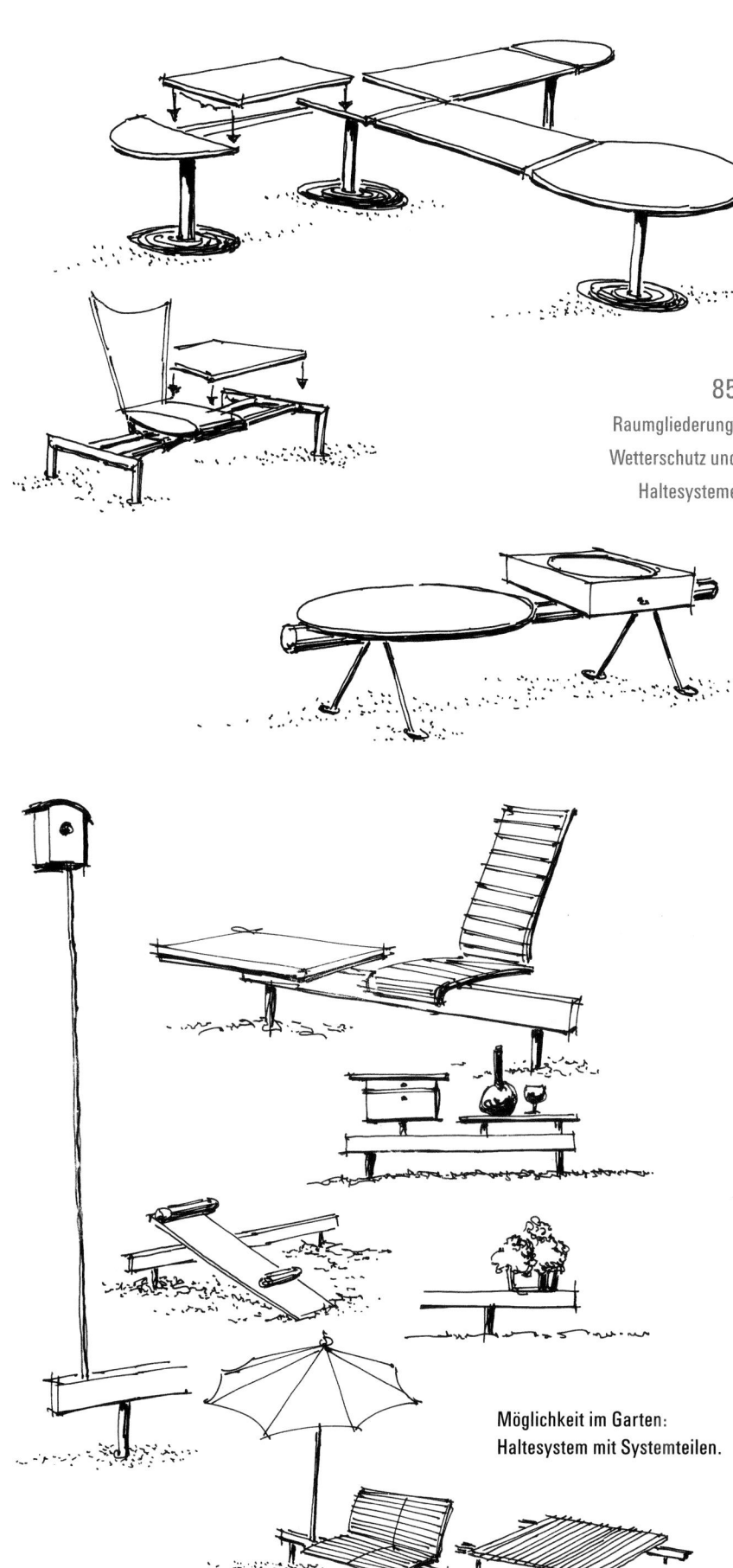

lich ganz selbstverständlichen Gebrauch von Gegenständen zum Befestigen aufbauen. Denn eine Kombination von fest im Garten eingebrachten Halteelementen und kurzfristig montierbaren Funktionselementen kann für ganz unterschiedliche Produktfamilien die Grundlage sein. Ein Hersteller für Gartenmobiliar hat vielfältige Ansatzpunkte zur Entwicklung einer eigenständigen Produktlinie. Der Systemgedanke etwas detaillierter geschildert: wird nicht im Boden eine Hülse eingebracht, sondern über den Boden herausragend ein Haltesystem montiert, so ist es eine Frage der Dimensionierung der Systemteile, dass Mehrfachnutzungen denkbar sind. Aus dem Möbelbau sind solche Konstruktionen ableitbar. Hier werden mit Traversen und Platten sowie Korpussen ganze Schreibtischsysteme zusammengesetzt, Sideboardfunktionen von Traversen mit Platten und Korpussen übernommen, Sitzschalen auf Trägern bilden Wartebänke für Haltestellen, selbst bei Treppen gibt es Analogien, werden die Trittstufen mit dünnen Stäben auf schräge Träger aufgeständert.

Haltesysteme können für verschiedene Höhen entwickelt werden. Je nach Höhe ergeben sich unterschiedliche Nutzungsschwerpunkte. Drei Höhen zeigen dabei besondere Merkmale: etwas niedriger als Sitzhöhe, Geländerhöhe und eine Höhe, die erlaubt, darunter durchzugehen.

Niedrige Haltesysteme Haltesystem 30–40 cm über dem Boden schwebend, an den Stützen ist ein Balken, waagrecht verlaufend montiert. Diese Höhe deshalb, weil auf ihr Kinder recht bequem sitzen können. Solche Balken wurden bereits im Kapitel »Gärten für Kinder und Jugendliche« als Spielbalken beschrieben. Er lädt nicht nur zum Sitzen ein, sondern auch zum Spielen und zum kurzzeitigen Befestigen von unterschiedlichen Gegenständen (und wenn es der

Möglichkeit im Garten:
Haltesystem mit Systemteilen.

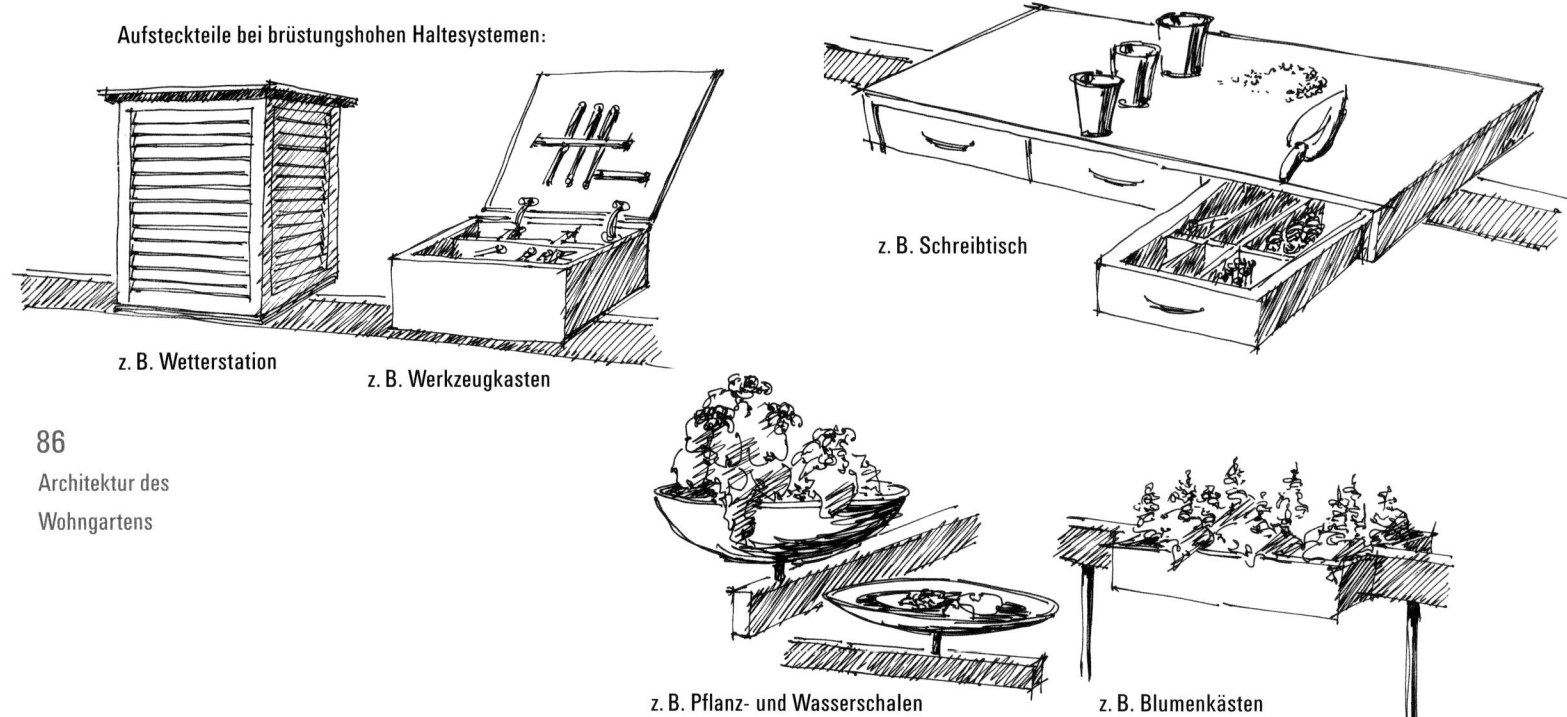

Aufsteckteile bei brüstungshohen Haltesystemen:

z. B. Wetterstation

z. B. Werkzeugkasten

z. B. Schreibtisch

z. B. Pflanz- und Wasserschalen

z. B. Blumenkästen

Gasballon vom Volksfest ist, den Kinder mitbringen). Wetten, dass eines Tages auch ein Hund kurz daran festgebunden sein wird? Früher gab es an markanten Stellen der Städte und Dörfer etwas ähnliches, allerdings für Pferde.

Wird ein solches Element tatsächlich im Systemgedanken entwickelt, so kann der Balken plötzlich noch viel mehr: dank Bohrungen, Adaptern oder Clipsen nimmt er Tische auf, Sitzplatten und Sitzschalen können eingesteckt werden, kleine Korpusse aufgesteckt oder angehängt, Gartengeräte fixiert oder der Maler montiert sich eine Staffelei. An einem langen Stab ragen Nistkästen auf, vielleicht ein Vogelbauer, im Winter das Futterkästchen. Der Sonnenschirm hat nun einen windstabilen Steckplatz, das Windrädchen auch, wer will, der steckt sich Schattensegel hinein. Ein anderer legt sich auf den Balken die Stirnseite eines Bretts, die andere liegt auf dem Boden und die schräge Fläche bietet nun eine gute Liegefläche. So wurde das System umfangreich mit Elementen zu einer Produktfamilie entwickelt.

Haltesysteme in Geländerhöhe Bei Systemen in Geländerhöhe – also etwa 85 cm – sind manche der genannten Einsteckteile nicht mehr möglich, Tisch und Stuhl scheiden aus. Dafür kommen andere Möglichkeiten auf dem waagrechten Holm des Haltesystems hinzu: Es können Pflanzenschalen und -tröge stehen oder hängen, eine Steharbeitsplatte zum Umtopfen

und Pflanzensammeln und andere Hobbys kann montiert werden, vielleicht Korpusse für Wetterstationen, für Werkzeuge oder solche mit Türen und Klappen zum Schreiben oder Zeichnen, mit Luftöffnungen zum Kräutertrocknen, oder eine Vitrine, wie sie später im Kapitel »Aufbewahrung und Arbeitsmöbel« beschrieben wird. Konnten ausruhbedürftige Menschen auf dem niedrigen Balken sitzen, so ist der Balken in Brüstungshöhe wesentlich besser geeignet für Personen, die sich beim Gartenwandern einmal kurz festhalten oder abstützen wollen und diesen Balken tatsächlich auch als Geländer verwenden. Oder sich einfach nur mit ihren Oberarmen abstützen und in die Landschaft träumen. Oder mit dem Nachbarn plaudern.

Haltesysteme können Technik aufnehmen. Elektrokabel können problemlos angebracht werden, und mit anmontierbaren Leuchten wird die Gartennutzung komfortabler. Wasserrohre sind gleichfalls denkbar, mit Wasserauslässen zum Gießen, mit Ventilen für Sprenkleranlagen, bis hin zu Elementen, die bei heißen Temperaturen das Brausen im Garten ermöglichen.

Haltesysteme haben neben ihrer funktionalen Aufgabe auch Gliederungscharakter. Wie eingangs beschrieben, gestaltet ihre Linienstruktur die Außenbereiche. Sie leiten auch: »Immer der Linie nach und man kommt zum Sitzplatz.«

Haltesysteme können unterschiedlich genutzt werden.

Übermannshohe Haltesysteme Übermannshohe Halterungen gibt es schon einige im Außenbereich: Tragkonstruktionen für Pergolen, Kinderspielgeräte wie Schaukeln. Wer genau beobachtet wird feststellen, dass Schaukelkonstruktionen neben ihrer eigentlichen Aufgabe auch zum Aufhängen von Pflanzen verwendet werden und an der Pergola die Wäscheleine für das Schattensegel angeknüpft wird. Der Ansatz könnte aber auch andersherum sein.

Mit einer Konstruktion, die in ihrer Charakteristik einer Gestellbauweise entspricht, kann ein vielfältig nutzbares System entwickelt werden. Für größer dimensionierte Elemente kann es durchaus sinnvoll sein, sich mit einem Zimmermann zusammenzuschließen. Auch die Frage der Fundamentierung ist mit einem fachkundigen Handwerker verlässlich zu klären. In der Kooperation mehrerer Gewerke ist dann leicht das zu erreichen, was an Anforderungen und Wünschen von Seiten der Nutzer kommen kann.

Die Vielzahl abgehängter Schalen in unterschiedlichen Höhen lässt das Blühen sehr dicht erleben, zugleich bietet diese Art eine sehr leicht veränderbare Bepflanzung des Gartens. Je nach Blühzeit kann gewechselt werden, auch je Anlass ist eine veränderte Aufhängung möglich. Pflanzen in diesen Höhen können hervorragend auch von Personen betreut werden, die sich nur eingeschränkt bewegen können.

Hängen kann aber ganz Verschiedenes: Kuschelsessel, Tische, Sitzbänke und auch die Gartenküche,

über die später noch berichtet wird. Nicht zu vergessen die Beleuchtung, die in solche Systeme eingehängt werden kann. Die Rahmen- oder Gitterstruktur eines übermannshohen Haltesystems lässt in der Tat vieles zu: z. B. Stoffe als Sonnensegel zu spannen oder einen schattenspendenden Rahmen darüber schweben zu lassen, Vorhänge als Windbremse aufzuhängen, Korbgeflechte, Lochbleche, Rollos als Sicht- und Sonnenschutz herunterzulassen. Stoffe sind insofern sehr attraktiv, als sie nach Lust auch wieder ausgetauscht werden können und somit relativ einfach das

Pergolakonstruktion zum Abhängen einer Vielzahl von Schalen.

>> Angenehme Wärme drang durch die Spaliere der Laube. Auf dem Tisch tanzten und zitterten kleine Lichtfunken und die zerstückelten Schatten der Weinblätter und wilden Trauben. Über den letzten Tropfen Rotwein in den Gläsern schwirrten dicke Hummeln. In der duftgeschwängerten Luft mischte sich das Parfum von üppigen Rosen, die den Gasthof wie mit einem Meer von rotem Schaum überwachsen hatten, mit dem kräftigen Geruch von eben aus dem Ofen genommenem Brot, Tabak und frisch gemahlenem Kaffee. In diesem Jahr verbrachten die Künstler, angetan mit kurzärmeligen Badekostümen und barfuß oder in Leinenschuhen, lange Stunden in der Gartenlaube. << *Alexandra Lapierre*

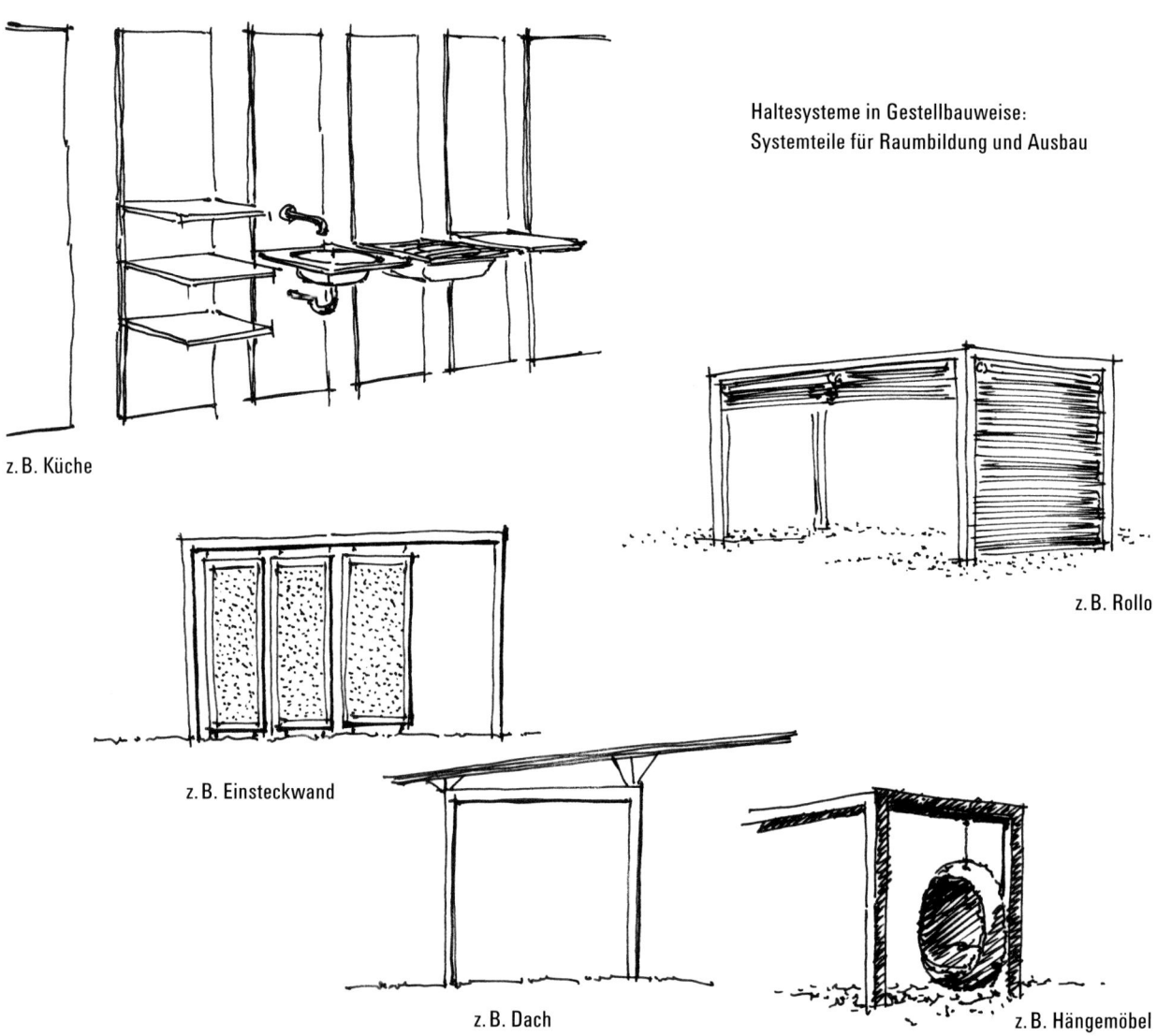

z. B. Küche

Haltesysteme in Gestellbauweise:
Systemteile für Raumbildung und Ausbau

z. B. Rollo

z. B. Einsteckwand

z. B. Dach

z. B. Hängemöbel

Erscheinungsbild markant verändert werden kann, denn Vorlieben mögen sich ändern oder für ein Fest soll das Umfeld anders gestaltet sein. Zwischen einem weißen Stoff und einem gestreiften Markisenstoff liegen wirklich Welten. Es wären nicht die ersten Betttücher, die zum Fest aufgehängt werden, oder Folien lösen den sonst vorhandenen Stoff ab.

Als senkrechte Elemente montiert werden könnten Platten mit Brunnen oder Wasserauslass, eine Platte mit Grill- und Kochstelle, eine Platte mit Ablage oder Arbeitsplatte. In die Seiten können Rahmen mit Gittern eingesetzt werden. Das Licht wird gebrochen, angenehme Sitzräume entstehen. Solche Haltesysteme können bis zu »Gartenzimmern« ausgebaut werden: eben nicht als Haus mit festen Wänden, sondern in einer offenen, den Freibereich erlebbaren und schützenden, doch mit allerlei Komfort ausgestatteten Servicestruktur. Selbst die Hängematte kann hier einen Platz bekommen. Das Paradies ist nicht mehr weit.

Möbel
für den
Wohngarten

Möbelkonstruktion, Maße und Ergonomie

Entwurf der Konstruktion

Bei der Konstruktion der Möbel sind die bereits zu Beginn des Buches aufgeführten konstruktiven Merkmale zu berücksichtigen. Die folgenden Hinweise gehen besonders auf Stuhl- und Tischkonstruktionen ein.

Neigung oder Zwischenraum Die Neigung aller Flächen ist ein wesentliches Konstruktionselement. Bei Sitzmöbeln ist die Neigung der Sitzfläche notwendig, um den Sitzkomfort zu heben. Bei Tischflächen widerspricht diese Forderung der Funktion. Aber vielleicht werden die Flächen dann so ausgebildet, dass das Regenwasser durch Leistenzwischenräume abfließen kann. Oder man sieht für die Zeit der Nichtbenutzung des Tisches ein Kippen der Platte vor.

Hirnholzflächen schützen Abgedeckt werden sollten alle Hirnholzteile, auf die es regnen kann. Für Tischbeine ist dies in der Regel gegeben, bei Bänken und Stühlen aber wird dieser Aspekt dazu führen, den obersten Stab auf die Beine aufzusetzen oder eine andere Art der Abdeckung zu entwickeln.

Enge Zwischenräume zwischen Werkstücken und insbesondere Vertiefungen sammeln Wasser, also müssen sie vermieden werden.

Die vielfältige und ungeplante Benutzung Esstischstühle im Wohnbereich haben eine Funktion, an die sich weitgehend alle Menschen halten. Bei Gartenmobiliar führen einige Besonderheiten der Benutzung zu besonderen Entwurfsaspekten.

Bei der Gartenbank sitzt man nicht nur auf der Sitzfläche, sondern auch mal auf der Rückenlehne. Die Konstruktion sollte besonders stabil und gegen Rückwärtskippen ausgebildet werden.

Steif oder elastisch Nicht immer stehen die Freiraummöbel auf ebenem Terrassenboden. Entweder ist die Konstruktion so ausgebildet, dass sie und die Materialelastizität darauf reagieren kann und etwas nachgibt, oder aber sie ist so dimensioniert und verwindungssteif konstruiert, dass ein Bein »in der Luft hängen« kann, das Möbel dann aber auf drei Beinen steht und leicht wackelt.

Auflageflächen möglichst breit ausbilden Breite Plattenfugen bis hin zu Aufstellungen auf weichen Böden, unter Umständen gar im Rasen, führen mit zu klein gewählten Dimensionen des unteren Teils der Beine dazu, dass das Möbel im Boden versinkt. Die Auflageflächen sollten deshalb breiter als im Wohnbereich ausgeführt werden.

Geneigtes Gelände oder auch plötzliches Absacken in den Untergrund kann schnell dazu führen, dass das Möbel nicht mehr ausreichend stabil steht. Etwas vorbauen lässt sich, indem die Auflagerpunkte möglichst weit auseinander liegen. Allerdings sollten sie nicht über die Funktionsflächen Sitz oder Tischplatte hinausstehen, damit keiner über herausstehende Stuhl- oder Tischbeine stolpert.

Kanten und Ecken runden Alle Kanten und Ecken der Werkstücke sollten einen Radius von 2 mm aufweisen. Für lackierte Möbel wird damit überhaupt erst gewährleistet, den Lackaufbau in diesen strapazierteren Bereichen in ausreichender Dicke zu erhalten. Auch für die anders behandelten Möbel empfiehlt sich diese Kanten- und Eckbearbeitung. Das Möbel wird dann besser mit den höheren Belastungen durch Witterung und mit dem etwas raueren Umgang im Freibereich fertig: Schon der Plattenboden ist unebener als jeder Wohnzimmerbelag, auch Stöße auf die Kanten werden besser aufgenommen. Hinzu kommt die Vorliebe vieler Menschen, über geformte Holzflächen zu streichen.

Scher- und Quetschstellen vermeiden Um mit den Fingern nicht in irgendwelchen Zwischenräumen stecken zu bleiben, sollten Abstände und Zwischenräume entweder kleiner als 7 mm oder größer als 18 mm sein. Ähnliches gilt für offene Rohrenden und Vertiefungen. Haben sie einen Durchmesser von 7 mm bis 12 mm, müssen sie abgedeckt werden.

Insbesondere geht die DIN EN 581, Sitzmöbel und Tische für Camping-, Wohn- und Objektbereich, auf Möbel ein, die veränderbare Teile ausweisen. Bei kraftbetriebenen Vorrichtungen und auch bei Federwirkungen dürfen keine Scher- und Quetschstellen auftreten. Bei Möbeln, die von Menschen selbst verändert werden, können Scher- und Quetschstellen dann zulässig sein, wenn der Benutzer in der Lage ist, bei Schmerzempfindung die Krafteinwirkung sofort zurückzunehmen.

Maße für Tisch und Stuhl

Bei der Rast auf einer Wanderung ist der härteste Stein ein bequemer Sitz und die Stange vom Weidenzaun bestens geeignet, um sich auszuruhen. Für einen angenehmen und erholsamen – kurzum ganz normalen – Gartenaufenthalt wünschen wir uns Sitzmöbel, die nichts anderes zu tun brauchen, als unser Sitzen zu unterstützen. Weil in der Regel jeder sich selbst im Mittelpunkt aller Bedürfnisse sieht, kann es in seiner Vorstellung auch nicht so schwer sein, die für bequeme Sitzmöbel nötigen Maße zu finden.

Aber genau da fängt das Problem an. Jeder für sich wünscht sich seine Stuhlmaße, die aber wiederum bei einer anderen Sitzstellung schon ganz andere sein können, und die schon gar nicht diejenigen Maße sein werden, die auch ein anderer braucht. So werden wir hier zunächst über ein paar Standardmaße sprechen. Die sind so gut wie jeder Kompromiss – sie gelten für jeden ein bisschen und für keinen ganz. Aber als Grundorientierung sind sie sehr hilfreich. Auf ein paar besondere Sitzaufgaben wird im Anschluss eingegangen. Denn für die Standardsitzaufgaben gibt es schon unzählige Möbel auf dem Markt. Wenn des Schreiners spezielle Leistung aber individuelle Lösungen sind, so wird die Auseinandersetzung mit Sonderwünschen und Verhaltensweisen zu neuen Produktangeboten führen können.

Die Sitzmaße sind interessant für neue Stühle, aber auch für Sitz- und Eckbänke. Trotz aller Maßempfehlungen ist es sinnvoll, wenn man vor der Fertigung auf einem 1:1-Modell Probe sitzen kann, zumal wenn neben Holz weitere Materialien wie Polster, eingespannte Stoffe oder elastischer Kunststoff hinzukommen. Das Zusammenspiel der Materialeigenschaften lässt sich eben im Test am besten in den Griff bekommen.

Maße nach DIN für das Sitzen am Tisch Die folgenden Stuhl- und Tischmaße sind ausgelegt für Personen in der Größe von 160 cm bis 190 cm und in der DIN prEN 1729, Stühle und Tische für Bildungseinrichtungen, zu finden.

> **Maße für Stühle:**
> Höhe Sitzfläche: 450 mm
> Effektive Sitztiefe: 420 mm +/−20 mm
> Hinterer Sitzwinkel: (−3° bis) +3°
> Mindestsitzbreite: 400 mm
> Maximale Höhe des vordersten Punktes der
> Rückenlehne: 210 mm

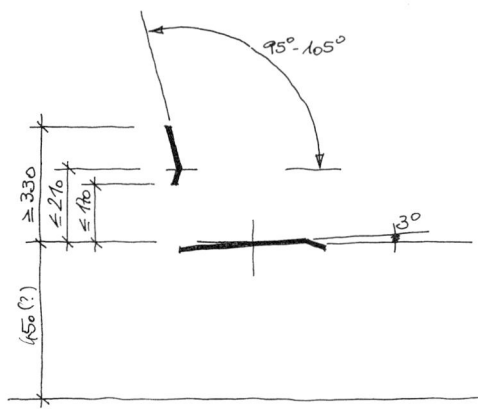

Sitzprofil

Maximale Höhe der Rückenlehnenunterkante:
170 mm
Neigung Rückenlehne: 95° bis 105°
Höhe der Rückenlehne: mind. 330 mm
(bis 360 mm)

Maße für Tische:
Tischflächenhöhe: 750 mm
Mindesthöhe Beinraum:
750 mm – 60 mm = 690 mm
Mindesttiefe Kniezone: 450 mm
Mindestlänge der Tischfläche bei Einzeltisch:
600 mm
Mindestlänge der Tischfläche Doppeltisch:
1300 mm

Für Tische in Wohnbereichen gibt es folgende Angaben in der DIN 68885. Demnach werden folgende Maße empfohlen:
Höhe: 720 mm bis 750 mm
Günstigster Abstand zwischen belasteter
Sitzfläche und Tischoberfläche: 270 mm bis
310 mm
Höhe freier Beinraum: mind. 650 mm
Höhe von Auszugs-, Kulissen- und ähnlichen
Tischen: mind. 620 mm
Plattengröße: für jede Person mind. 20 dm²
bei 600 mm Tischkantenlänge

Das Sitzen im Freibereich unterscheidet sich von dem im Wohnraum oder auch z. B. in Bildungseinrichtungen kaum. Ein Unterschied liegt wohl eher im Wechseln der Sitzpositionen, was beim Freiraumsitzen sicherlich häufiger und mit einer größeren Variationsbreite stattfinden wird als bei einer Schulung. Ein Wechseln der Sitzposition bedeutet, dass die Sitzmöbel in ihren Maßen Beweglichkeit zulassen müssen, also etwas größer dimensioniert sind.

Erfahrungswerte Sitzmöbel Die Sitzhöhe von 450 mm ist von kleinen wie großen Erwachsenen benutzbar und erlaubt auch Menschen mit eingeschränkter Bewegungsfähigkeit ein relativ einfaches Aufstehen. Für sie allerdings wären Armlehnen äußerst hilfreich, das Aufstützen erleichtert das Aufstehen. Der Sitzwinkel darf 3° nach unten betragen, eher mehr. Die Oberkante der Rückenlehne mit 360 mm über Sitzfläche ist in Ordnung, für Seminarbestuhlungen zwingend, bei Freiraummöbeln allerdings nicht bindend. Höhere Rückenlehnen, die zudem ausgeformt sind, unterstützen das legere Sitzen.

Erfahrungswerte Tische Eine Höhe von 720 mm wird von vielen Menschen beim Essen als etwas zu niedrig empfunden, 740 – 750 mm dürften es schon sein. Ein entscheidender Aspekt ist die freie Beinraumhöhe mit 650 mm. Je länger die Beine der Menschen werden und je eher auch hohe Schuhe getragen werden, umso eher ist diese Höhe für komfortables Sitzen entscheidend. Auch sollte man genug Raum haben, die Beine übereinander zu schlagen, ist dies doch eine der häufigsten Sitzhaltungen. Aus der Differenz der Tischhöhe und der Höhe des freien Beinraums ergibt sich die Konstruktionshöhe, die für Platte und Unterbau zwischen 70 mm und 100 mm liegt. Viel Platz für Zargenkonstruktionen verbleibt nicht.

Tischplattengröße: Wenn jeder Person auf der Platte, wie in der DIN erwähnt, bei 600 mm Breite eine Fläche von 20 dm² zur Verfügung stehen soll, so hat jeder eine Fläche von z. B. 600×333 mm. Diese genügt durchaus, um Teller, Gläser und Besteck für ein Essen auszulegen. Je nach Lebensstandard dürfen die Maße aber auch etwas größer sein. In der gehobenen Gastronomie wird mit Platzbreiten von 750 mm gerechnet – nicht zuletzt wegen des Eindeckens – und in der

Tiefe erlauben weitere Zentimeter, mehrere Gläser je Platz parat zu stellen.

Die Platzbreite 600 mm, als Tischkantenlänge je Person, genügt durchaus auch für Sitzen in (allerdings eher schmalen) Armlehnstühlen. 700 mm Platzbreite erlauben aber besser aufzustehen und an dem etwas verschobenen Stuhl vorbei den Tisch zu verlassen, ohne den Nachbarn allzu sehr zu stören.

Messen Sie einmal den Durchmesser Ihrer großen Salatschüssel. Sie wird größer sein als die für die Rechnung gewählte Schüssel. Das heißt, dass die vorgeschlagenen Maße nicht allzu großzügig veranschlagt sind. Die häufig vorgeschlagenen Tischplattengrößen von 800 mm × 1200 mm sind in der Regel zu klein. 900 mm × 1300 bis 1400 mm werden gehobenen Ansprüchen eher gerecht, sind wesentlich komfortabler und für Schreinerkunden empfehlenswerter.

Die Tischbreite ergibt sich aus zwei Platztiefen
zuzüglich Fläche für Schüsseln und Platten

$$2 \times 333\,mm + 234\,mm = 900\,mm$$

Tischaktionen Beobachten Sie einmal Menschen, die über lange Zeit an Tischen sitzen. Beim öfteren Wechsel der Sitzhaltung wird auch, so denn möglich, der Tisch in das »statische System der Körpergewichtsableitung« einbezogen – durch Aufstützen bis zum Darauflümmeln. Der Tisch braucht nicht nur zum Essen die richtige Höhe, sondern auch für die weiteren Aktionen: Brettspiele, Kartenspiele oder Kreuzworträtsel lösen. Gesellschaftliche und relaxte Aktionen stellen die eine Seite dar, Tische im Garten, auch dies zeigen die Zitate, werden auf der anderen Seite auch für Schreib-Arbeiten verwendet, für Hobby-Arbeiten

oder Vorbereitungen für Einmachen und Kochen. Natürlich gehen Spielen, Essen und Arbeiten auch am Campingtisch, aber in normaler Tischhöhe mit 72 bis 75 cm Höhe umso besser, das wird dann wohl auch öfters draußen gemacht werden.

Ein entscheidendes Qualitätsmerkmal für Gartentische ist die Stabilität, damit ältere Menschen sich beim Aufstehen abstützen können, bei Schneid- und Klopfarbeiten präzise gearbeitet werden kann und beim Schreiben die Buchstaben nicht verschwimmen.

Wer unter den Tisch schaut wird feststellen, wie viele Füße bei längerem Aufenthalt unter dem Tisch nach einer Stange, Kiste oder anderen Erhöhungen suchen, auf denen sie stehen können, so sie eine solche Gelegenheit finden und so dies die Höhe zwischen Boden und Unterkante Tisch erlaubt. Eine Traverse oder Stange ist für Außenbereiche fast noch eher erwünscht als im Innenraum, erlaubt sie doch die Füße aus feuchtem Gras zu heben, der Bodenkälte oder -wärme zu entrinnen.

Fischers Fischeputzplatz als Beispiel für Arbeiten im Freien

Ergonomie bei Sitzmöbeln

Damit es Ihren Kunden nicht so geht wie Hermann Hesse, der mit dem Sitzkomfort der Bänke so gar nicht zufrieden war, werden wir uns mit der Ergonomie von Sitzbänken genauer auseinander setzen. Mit dem Material Holz ist ein warmes und angenehmes Sitzen gewährleistet, mit einer richtigen Sitzausformung wird der Aufenthalt noch angenehmer.

Was im Wohnbereich das Sitzen auf dem Sofa, das ist im Freibereich das Sitzen auf der Parkbank. Hier wird gelesen, geplaudert, geknabbert – ergo eher relaxt gesessen. Darum darf die Sitzhöhe etwas niedriger als beim Gartenstuhl sein, muss es aber nicht, denn auch aus diesen Möbeln wollen Menschen mit eingeschränkter Bewegungsfähigkeit wieder gut aufstehen können. Eine Reihe von Sitzprofilen, die an

verschiedenen Parkbänken abgenommen wurden, ergeben zusammen mit einer kleinen Bewertung Anhaltspunkte für die Eigenkonstruktion. Ein Test ergibt, dass man auf historischen Bänken häufig sogar bequemer sitzt als auf neuen Parkbänken. Um eigene Entwürfe entwickeln zu können, bieten selbst aufgenommene Sitzprofile wichtige Orientierungshilfe.

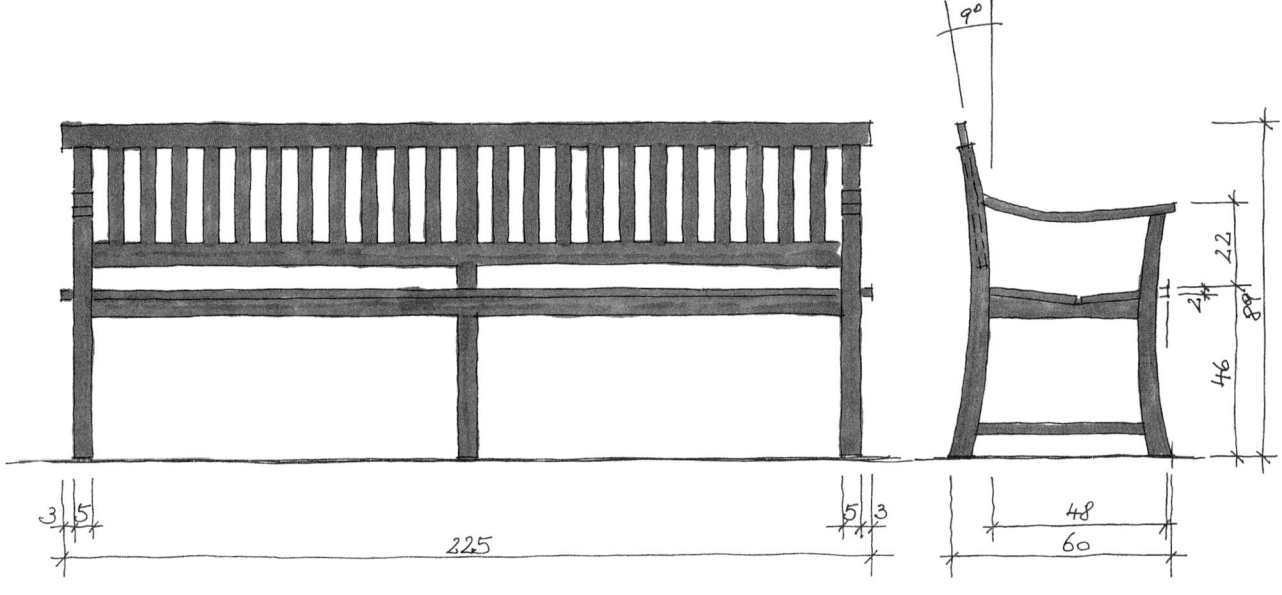

Parkbank Freundschaftsinsel Potsdam

Zum Sitzen überaus bequem, zum Aufstehen allerdings mühsam. Die Wölbung der Rückenlehne ist angenehm; die Idee, für den Kopf ein spezielles Profil anzubieten, interessant. Für größere Menschen dürfte der Vorsprung etwas höher sitzen.

Parkbank Park Sanssouci

Sitzen und Aufstehen gestalten sich recht angenehm, für drei Personen ist die Breite üppig, vier Personen sitzen bequem. Kennzeichnend ist der konische und geschwungene Verlauf der Beine.

Klappbank

Weit verbreitet und altbekannt ist eine solche Biergartenbank. Die Vielzahl der Leisten ergibt ein druckfreies Sitzen, gleichzeitig wird mögliche Feuchtigkeit gut abgeführt. Die Breite ist für zwei Personen angenehm.

Biergartengarnitur

Reduziert im Komfort, aber überaus weit verbreitet und über Millionen von Sitzstunden getestet ist dieses archaische Möbel. Zu wenig Sitztiefe um richtig zu sitzen, zu kurz für fünf Personen – doch ohne Zweifel passen auch diese in launigen Stunden auf die Bank. Der Tisch ist gleichfalls zu schmal – dennoch schmeckt das Essen köstlich. Dieses Bankmodell weicht in der Höhe von den anderen Sitzmöbeln ab: Die Sitzhöhe beträgt 47 cm, die Tischhöhe 77,5 cm. Des Rätsels Lösung: Diese Höhen führen zu einem nach vorne geneigten Sitzen – viele Menschen passen damit auf die kleine Fläche, und die Rückenlehne vermisst auch kaum einer.

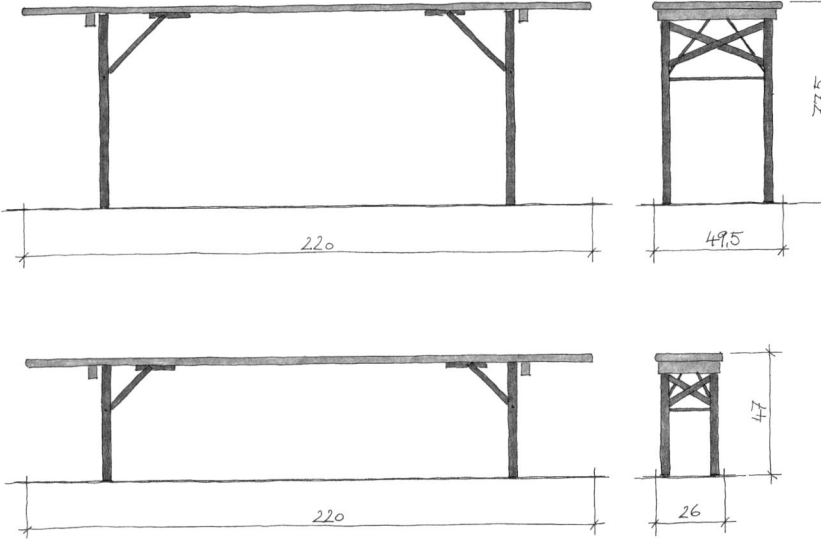

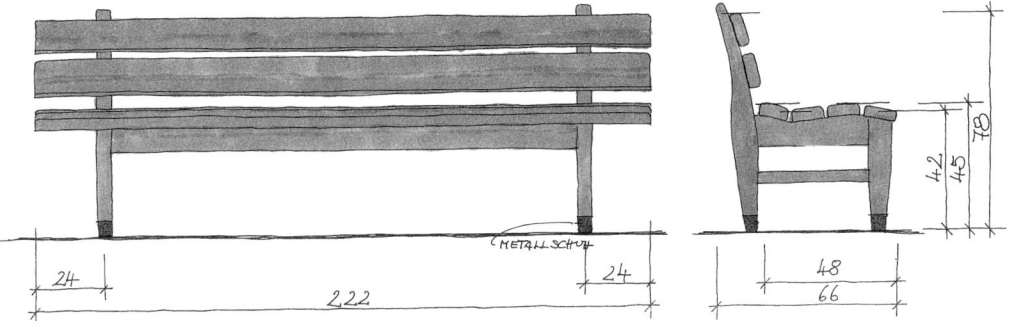

Parkbank in Bad Cannstatt

Dieses Modell ist zwar schon etwas betagt, hat aber gleichwohl einige bemerkenswerte Aspekte. Die dick gewählten Bretter vermitteln Stabilität und Langlebigkeit. Die unterschiedlichen Neigungen ergeben fast eine ideale Sitzkurve: für die Sitzfläche eine Senke, der Körper gebremst gegen ein Nach-vorne-Rutschen, die Neigung des vordersten Brettes vermeidet unangenehmes Quetschen in der Kniekehle und vermindert den Blutstau. Und als spezielles Merkmal stecken Metallüberzieher an den Füssen, damit das Holz vor Wasser und Erde besser geschützt ist.

Parkbank im Trinkhof Bad Cannstatt

Holzbretter liegen auf einem Metallgestell. Die gerade Form gibt der Bank ihre Gestaltung; sie ist allerdings nur zum kurzzeitigen Sitzen geeignet.

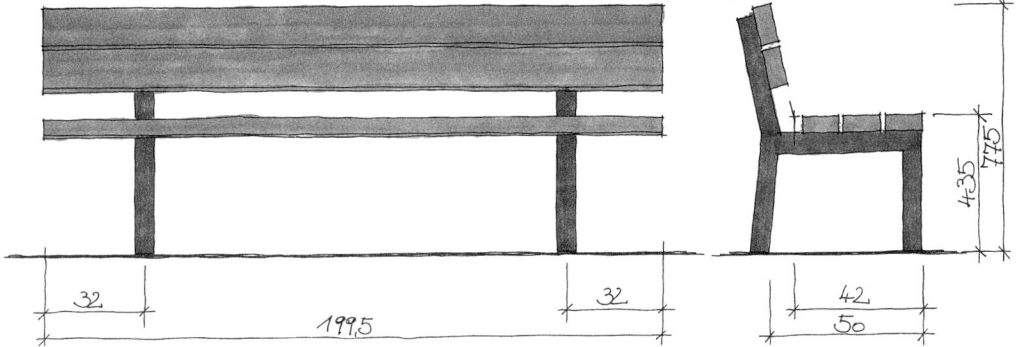

Tische

»Auf unserem Seebüllhof ... Während der ersten schönen Sommerwochen atmeten wir die freie Luft, Erholung und Ruhe genießend. Und dann kam dieser merkwürdige Tag mit dem großen feierlichen Fest: In dem Scheunentorweg war ein ganz langer Tisch gedeckt, an dem die Verwandten und Freunde unserer und meiner Kunst alle beisammen saßen, ... alle in zwangloser Unterhaltung redend. Die Heuwände waren mit weißem Leinen abgedeckt, und die vielen bunten Lampen, an einer Schnur hingereiht, gaben seltsames Licht ...«   *Emil Nolde*

Ein langer Tisch für den Küchengarten in Potsdam, geplant von Isterling und Partner, Landschaftsarchitekten in Hamburg

Tische für draußen

Für ein Fest draußen wurde bei Emil Nolde der Tisch auf den Weg zur Scheune gestellt, bei Peter Mayle für ein Picknick in den Schatten einer großen Krüppeleiche. Das Besondere liegt nicht zuletzt darin, in einer Gemeinschaft zu essen, die sich nicht alle Tage trifft, und dann noch an einem Ort, der für alle erkennbar extra für diesen Zweck umgestaltet werden musste. Die prickelnde Spannung des Draußen-Seins liegt häufig gerade in der Kombination von Tätigkeiten, Zeit und Ort, die eigentlich in dieser Kombination nicht vorgesehen sind – aber gestaltbar. In diesen Kombinationen stecken Reize, die im geschützten Raum so nicht erlebbar sind, keine beengenden Wände, sanfter breiter Luftzug, sich bewegende Licht- und Schattenpunkte, anderer Widerhall der Gespräche.

Die Anforderungen an die Tischhöhe, die Größe der Platte und die Stabilität bei Tischen im Freibereich entsprechen weitgehend denen der Tische im

Innenbereich. Übrigens scheint es das Ideal zu sein, möglichst alle Festteilnehmer an einen Tisch zu bringen; er wird dann eben überaus lang, entsprechend der Personenzahl. Die Wahl des Materials, der Konstruktion, der Details und insbesondere die Transportfähigkeit können bei Tischen im Freibereich deutlich anders gewählt werden.

Tisch-Ideen

Der Tisch aus dem Innenraum Problem bei Tischen aus dem Innenraum ist die Unterseite der Tischbeine, die nicht für Hof- oder Gartenböden geeignet sind. Metallüberzieher als Ergänzungsprodukt für Tische wären eine Möglichkeit. Oder Tische werden von vornherein für die beiden Aufstellungsorte gemacht: mit Rädern? Größe und Gewicht so, dass sie bequem von zwei Personen durch Türöffnungen hindurch bewegt werden können?

>>›Voilà!‹ sagte Maurice. ›Le restaurant est ouvert.‹ Am Ende einer ebenen, grasigen Lichtung war im
Schatten einer ausladenden Krüppeleiche ein Tisch für zehn Personen gedeckt – ein Tisch mit einem
steifen weißen Tischtuch, mit Eiseimern, mit gestärkten Baumwollservietten, mit Vasen voll frischer
Blumen, mit richtigem Besteck und richtigen Stühlen. Hinter dem Tisch war eine seit langem
leerstehende, trockene borie aus Stein zu einer rustikalen Bar umfunktioniert worden. Ich hörte das
Korkenknallen und Gläserklingen. Meine Vorbehalte gegen Picknicks lösten sich in Wohlgefallen auf.
Das war etwas völlig anderes als ein feuchter Boden und Sandwiches mit Ameisen. << *Peter Mayle*

Der Tisch aus dem Lagerraum Auf dem Boden gesta-
pelte Klapptische sind bekannt. Aber das Aufbewahren könnte auch an der Wand hängend stattfinden,
oder eingesteckt in eine Vorrichtung, damit die Tischplatten senkrecht stehen. Dabei muss der Aufwand
nicht groß sein. Ein Loch in der Tischplatte und ein
Haken an der Wand sind schon ein erster Problemlö-
sungsansatz.

Der Tisch aus Teilen Modulsystemartig lässt sich der
Tisch bilden aus dem Stapeln von Platten auf Böcken.
Ist das Konzept auch keineswegs neu, so könnte in einem guten Gartenmöbelsortiment durchaus ein ge-
stalterisch anspruchsvoller Bock angeboten werden,
ebenso wie eine Tischplatte, deren Randprofilierung
das Tragen erleichtert, oder in die Tragelöcher einge-
fräst sind, gewissermaßen als Ersatz für die Werk-
stattböcke und die ausgehängte Kinderzimmertüre.

Die Wanderplatte Ein seltenes Gedankenfundstück
steckte in diesem Tisch: Auf einem eigentlich recht
niedrigen Tisch lag eine Metallplatte. Ausgebildet war
sie mit einem geprägten Rand und hatte insgesamt
die Anmutung eines zu groß geratenen Tabletts, zumal an den Stirnseiten Griffe zum Tragen einluden.
Und richtig, das Riesentablett ließ sich abheben. Bei
großen Festen wurde auf dieser Platte das Schwein
fertig zubereitet und dekoriert aus der Küche in den
Saal getragen.

Die Idee lässt sich übertragen auf das Gartenwohnen. Draußen im Freien steht das Untergestell eines
Tisches, wetterbeständig ausgebildet. An einem anderen Ort wird eine tragbare Tischplatte verwahrt, die
bei Kaffee und Kuchen geholt und aufgelegt wird. Sie
könnte denn auch tatsächlich wie ein Tablett benutzt
werden, beladen in der Küche wird sie showmäßig
zur Überraschung der Gäste antransportiert.

Böcke und Platte.

Wasserplatte Auch diese Platte könnte transportabel
und zum Wechseln sein, hat aber am besten ein fest
verbundenes Gestell. Die Wasserplatte stellt zunächst
eine Tischplatte mit einer Aufkantung dar. Entweder
ist für die Plattenkonstruktion ein wasserresistentes
Material gewählt, oder in den Innenbereich wird eine
tiefgezogene Metall- oder Kunststoffwanne eingelegt.

Tisch mit
»Wanderplatte«.

Wasserplatte – die Aufkantung
verhindert das Abfließen des Wassers.

Auf ihr können Kinder mit Wasser und mit Sand, Erde, Playmobil, Lego und anderem spielen – aber eben nicht wie die Kleinen im Sandkasten, bei dem immer das Wasser versickert – sondern diese Platte bietet eher den Größeren, die mit besserer Motorik feinere Spieldetails entwickeln, ein Spielfeld. Landschaften lassen sich bauen, die über Tage stehen. Bis hin zu Experimenten mit Strömung, Wind und anderen physikalischen Phänomenen. Das Untergestell

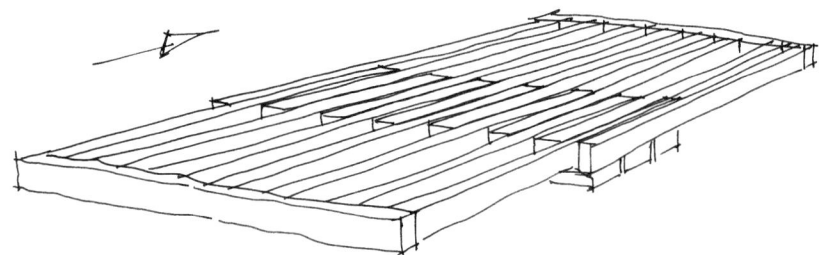

Systemskizze Platte aus zwei Leistengruppen

Stehtischvarianten

kann, muss aber nicht, niedriger als Esstischhöhe sein.

Die Platte sollte einen stabilen Unterbau bekommen. Auf ihm lässt sich auch gut arbeiten: Stoffe färben, Umtopfen oder auch die Blumentopfsammlung mit den Stecklingen gut feucht halten.

Vergrößerbare Tischfläche Das Leistenmotiv von Gartenstühlen und Gartenbänken, auch Tischen birgt eine Konstruktion zur Vergrößerbarkeit. Ist der Zwischenraum so breit wie die Leiste, so können zwei Leistengruppen ineinander geschoben oder zur Vergrößerung auseinander gezogen werden. Die Führungen der Leisten dürfen allerdings nicht zu knapp bemessen sein, sonst verkanten sich die zwei Elemente. Eine weitere Möglichkeit wäre, ähnlich einem Lastwagen mit Anhänger ein Tischsystem zu entwickeln, bei dem an ein Grundmodul – selbststehender stabiler Tisch – weitere Module angehängt werden, die nur aus einer Platte mit einem Beinpaar bestehen.

Stehtische – Buschtische Wer den Garten als Ort des Flanierens und der Kommunikation sieht, dem können Stehtische zupass kommen. Entscheidend ist ihre Höhe, etwa bei einem Meter sollte sie liegen. Sie brauchen keine Stühle und haben nicht den Anspruch, benutzt zu werden wie die Ess- und Arbeitstische. Auf ihnen lässt sich ein Glas abstellen, auf ihnen steht anlässlich einer Veranstaltung etwas zur Verpflegung oder Kerzen oder ein Spiel. Aber eigentlich, wenn sie das ganze Jahr draußen sind, sind sie das Signal: Hier kannst du dich kurz ausruhen, anlehnen, aufstützen. Für den sicheren Stand empfiehlt sich eine Verankerung im Boden.

Gebaut werden können sie wie andere Tische auch. Denkbar ist andererseits, dass ein Mauerpfeiler

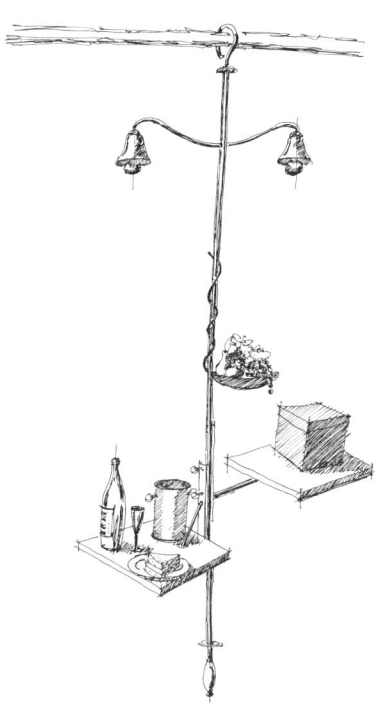

mit einer Platte belegt wird oder dass sie in einer Mischung aus Holzplatte und Keramikrohr, Betonsockel oder Metallgestell konstruiert sind.

In unterschiedlicher Höhe zu mehreren gruppiert, wenden sie sich an verschiedene Altersklassen und lassen mehrere Nutzungen nicht nur bei Festen zu.

Hängetische Im häuslichen Wohnzimmer stehen die meisten Tische auf dem Boden. Im Garten könnte – nachdem der Boden häufig uneben ist – auch eine andere Art interessant sein für Tische, auf denen Dinge abgelegt oder bereitgelegt werden. Aus einer solchen Überlegung heraus entwickelte sich der Schlaraffia-Stängel.

Schon die Idee zum Schlaraffia-Stängel trug Gartenlust in sich. Den Grundgedanken kennen Sie alle – denn wo hängen Sie den Regenschirm hin, wenn auf der Straße die Schuhe frisch gebunden werden müssen? über ein Geländer, an einen Ast oder sonst wohin. Und so ist die Idee für einen Tisch auch gewesen: er steht nicht, er hängt. Der Mittelfuß ist zum Mittelstängel geworden, jeder Ast an einem Baum kann ihn aufnehmen und sofort kann die Kaltschale für Warmtage das Paradies näher bringen.

Eine Erweiterung der Grundüberlegung wurde dann aber auch gleich noch eingebracht. Wer den Mittelstängel als konstruktives Element sieht, als Montagestab, kann daran zentral eine große Platte anhängen, mit Auslegern kleine Ablagen, kann Schalen, Halter für Flaschen, Kerzenhalter, Sonnenschirme und vieles andere montieren. Nicht zu vergessen eine Glocke, um denen im Haus mitzuteilen, dass im Paradies der Dursttod droht.

Tisch-Beispiele

Klapptisch Andreas Kulla hatte eine simple, aber folgenreiche Idee: Ein Rechteck wird geteilt oder auch mit sich selbst addiert. Die vielfältigen Nutzungsvarianten durch die Kombinationen machen das System spannend. Er entwickelte zwei Tische, deren rechteckige Plattengröße gleich ist, von denen der eine in der Länge und der andere in der Breite je auf die Hälfte verkleinert werden kann. Und immer auf der Längsseite der Tische hängt dann die Reserve-Plattenhälfte herunter. So entsteht ein breiter Tisch und ein sehr schmaler Tisch. Damit dies funktioniert, hat er eine Faltzarge konzipiert.

Diese zwei Tische können nun ganz verschieden eingesetzt werden:

Der eine Tisch ist in der Breite geteilt und steht mit heruntergelassener Klappplatte an der Wand, drei Personen können daran sitzen.

Wollen vier bis sechs Personen Platz nehmen, so wird die Platte hochgeklappt.

Der schmale Tisch ist in der Länge geteilt und steht die meisten Tage in der Woche an der Wand: als Anrichte. Für Speisezimmer hervorragend.

Wollen nun acht Personen speisen, so klappen sie die Platte des schmalen Tischs hoch und schieben ihn stirnseitig an den breiten Tisch mit heruntergelassener Klappe.

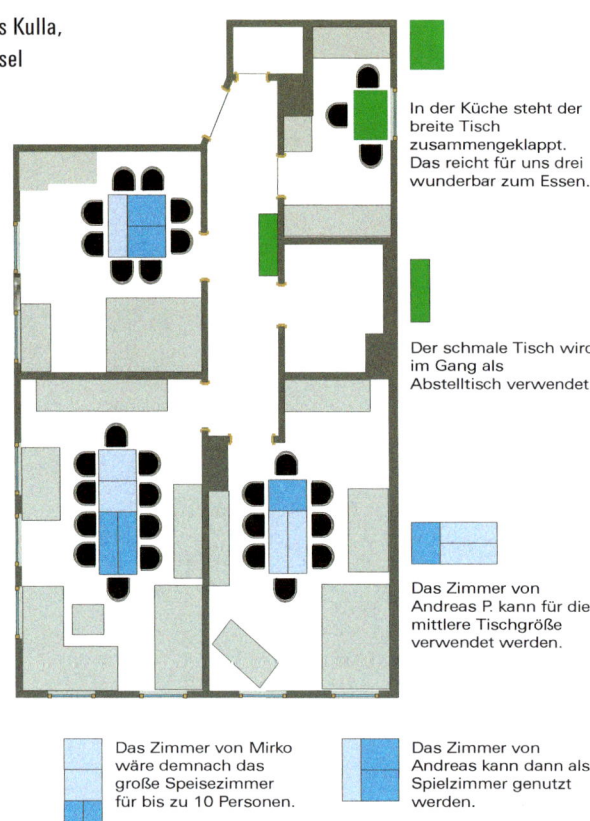

Klapptisch, Andreas Kulla,
Schreiner, Waghäusel

In der Küche steht der
breite Tisch
zusammengeklappt.
Das reicht für uns drei
wunderbar zum Essen.

Der schmale Tisch wird
im Gang als
Abstelltisch verwendet.

Das Zimmer von
Andreas P. kann für die
mittlere Tischgröße
verwendet werden.

Das Zimmer von Mirko
wäre demnach das
große Speisezimmer
für bis zu 10 Personen.

Das Zimmer von
Andreas kann dann als
Spielzimmer genutzt
werden.

Werden es zehn Esser, so wird auch dessen Klappe hochgeschwenkt.

Wollen nun z. B. acht Personen ein Gesellschaftsspiel machen, bei dem es darauf ankommt, dass alle Mitspielerinnen und Mitspieler gleichgut an das Spielbrett kommen, so stellen sie einen schmalen Tisch in Ursprungsgröße an den breiten mit hochgeschwenkter Klappe.

Die Kombinationen sind zu kompliziert? Im ersten Moment etwas verwirrend, doch eigentlich ist es recht einfach, dahinter steht nur eine geometrische Abstimmung der Plattengrößen. Die Kombinationen wenig notwendig? Für immer gleichgroße Speisegruppen vielleicht schon, doch für Menschen, die mit ihren Räumen spartanisch umgehen müssen, weil sie nicht im Schloss wohnen, und die heute morgen allein, abends zu dritt und alle paar Tage eine größere Gruppe zu Besuch haben, für solche wechselnden Situationen sind die Tische »Come Together« genau das Richtige. Und sie haben einen weiteren Vorteil: In ihrer geklappten Größe lassen sie sich bestens auf die Terrasse tragen. Denn wer flexible Aufstellungen in der Wohnung realisiert, der schafft auch bei Sonnenschein den Weg ins Freie.

Zumindest für Andreas Kulla war dies eine Idee, denn: »In einer WG sind spontane und flexible Situationen an der Tagesordnung, von der Grillparty im Garten bis hin zum Spiele-Abend oder das Sonntags-Buffet. Oft ist auch eine getrennte Lösung das richtige. Mit dem Tischprojekt »Come Together« habe ich die Bedürfnisse in der WG zum Anlass genommen, eine flexible Lösung für ein aktives Leben zu entwickeln.«

Bleibt nur noch zu ergänzen: »Come Together« passt auch für Nicht-WGler, nämlich für alle, die auch mal mit ihrer Wohnzimmereinrichtung ins Freie gehen. Solche Mischnutzungen kommen häufiger vor, als man zunächst vermutet. Hoffentlich sind dafür Konstruktion und Materialwahl ausgelegt.

Tablett-Tisch Zu spät aufgestanden oder verschlafen? – bleibt nur die Alternative: Entweder in Ruhe frühstücken oder noch schnell die Zeitung lesen und hungrig ins Büro. Diese tägliche Überlegung nimmt uns »Diogenes« ab. Mit ihm kann man beides gemeinsam: Frühstücken und dabei gleichzeitig die Tageszeitung lesen.

»Diogenes« ist ein ganz normales Tablett, dessen Rand bei Bedarf mit einem Handgriff um 95 Grad hochgeklappt werden kann.

»Diogenes« als Tablett

»Diogenes« – das Tablett mit Klapprahmen
53 × 39,5 × 4 cm, Buche massiv geölt, Bodenplatte Multiplex geölt,
Edelstahl, Gummiring.
Anton Preis, Innenarchitekt BDIA, Willmering

Klemmbrett,
21 × 28,5 cm,
Birke Multiplex,
Yvonne Marché,
Aachen (Schutz-
rechte angemeldet)

An einer einfachen Holzklammer hängt dann die Zeitung im idealen Abstand vor dem Leser. Auf der gegenüberliegenden Tischseite liest der Partner bereits die Rückseite mit.

Einsatzgebiete: Von der Wohnung über Garten bis zum Straßencafé, vom Büro bis zur Kantine, praktisch überall. Und endlich bleibt die Zeitung dank der Klammer am Rahmen auch bei Brisen und Windstößen da, wo sie hingehört – festgehalten vor dem Auge.

Klemmbrett Das Brett ist schnell unter den Arm geklemmt und klemmt seinerseits die Utensilien für z. B. das schnelle Gartenfrühstück mit Gummibändern fest. Brötchen, Butter und Trinkpäckchen können transportiert werden oder jemand verwendet das Klemmbrett für seine Malutensilien oder ein anderer für seine Zahnbürste mit Paste und Deo. So vielfältig die Einsatzmöglichkeiten sind, das Klemmbrett passt im Zweifel in jede Aktentasche und ist eigentlich eine Metapher für mobile Menschen auf dem Weg von hier nach da (und wahrscheinlich zu einer guten Gartenstunde).

Tisch T 7/2 und Bänke »Leguan« I und II Mit Leichtigkeit kann dieser Tisch etwas, das anderen überaus schwer fällt: er steht stabil auch auf unebenem Gelände, indem er sich anpasst. Höhendifferenzen bis zu 40 mm sind kein Problem. Und wer nun meint, das Kaffeetrinken würde auf schrägen und verwundenen Tischplatten nicht gehen, der täuscht sich. Tassen und Gläser stehen sicher etwas schräg (dann kommen eben drei Tropfen weniger Wein rein), aber sie stehen sicherer, als wenn der Tisch wackelt. In der Verknüpfung von Elastizität und Stabilität der Gesamtkonstruktion liegt die Pfiffigkeit des Tisches von Michael Hurm. Dies ist mittels Spezialbeschlägen möglich und er hat sich den Tisch mit gewerblichen Schutzrechten abgesichert.

Vorläuferin des Tisches war eine Bank. Bei ihr bildeten eine Vielzahl von Leisten, zu einem U verbunden, die Konstruktion. Für den Tisch wurde die Reihung von Leisten übernommen, allerdings ausschließlich für die Platte. Getragen wird sie von Beinpaaren. Wer den Tisch transportieren oder aufräumen will kann die Beinpaare einklappen.

Tisch T 7/2 und Bänke:
L: 200 cm, B: 91 cm,
H: 74,5 cm
Eiche roh gebürstet,
Edelstahl,
Michael Hurm,
Rottenburg (Schutz-
rechte angemeldet)

Sitz- und Liegemöbel

Anlehner, Auflehner, Abstützer

Kennen Sie auch das Bedürfnis, sich anzulehnen?

Beim Plausch mit der Nachbarschaft am Gartenmäuerchen können ganz markante Verhaltensweisen
und Haltungen beobachtet werden. Eine Nachbarin
kommt vom Einkauf, trifft ihren Nachbarn, ein Gespräch beginnt. Nach kurzer Zeit wird die Einkaufsta-
sche an die Mauer gelehnt, damit sie nicht umfällt.
War das Taschentragen dann doch recht anstrengend,
so stützt sich die Nachbarin mit der Hand auf der
Mauer ab. Einer der Füße wird mit der Schuhspitze
aufgestellt. Der Nachbar, erfreut über das Gespräch,
signalisiert seine Gesprächsbereitschaft durch eine
freundliche Begrüßung, Weglegen seiner Garten-
schere – natürlich auf das Gartenmäuerchen – und
leichtes Anlehnen an die Mauer. Mit dem Rücken, die
Hände rückseitig gekreuzt, damit etwas Abstand zur
Wand gewahrt wird. Nach einiger Zeit wechselt er die
Stellung, die Hände gestikulieren, ein Fuß wird ange-
hoben und gegen die Wand gestellt, auch hier wieder,
um so viel Abstand zu gewinnen, dass die Steinspit-
zen nicht in die Haut drücken. Oder er macht es sich
bequem und stützt sich mit den Ellenbogen auf die
stehpulthohe Mauer. Noch bequemer wird die Mauer,
ist sie niedrig genug, um sich auf sie zu setzen. Ein

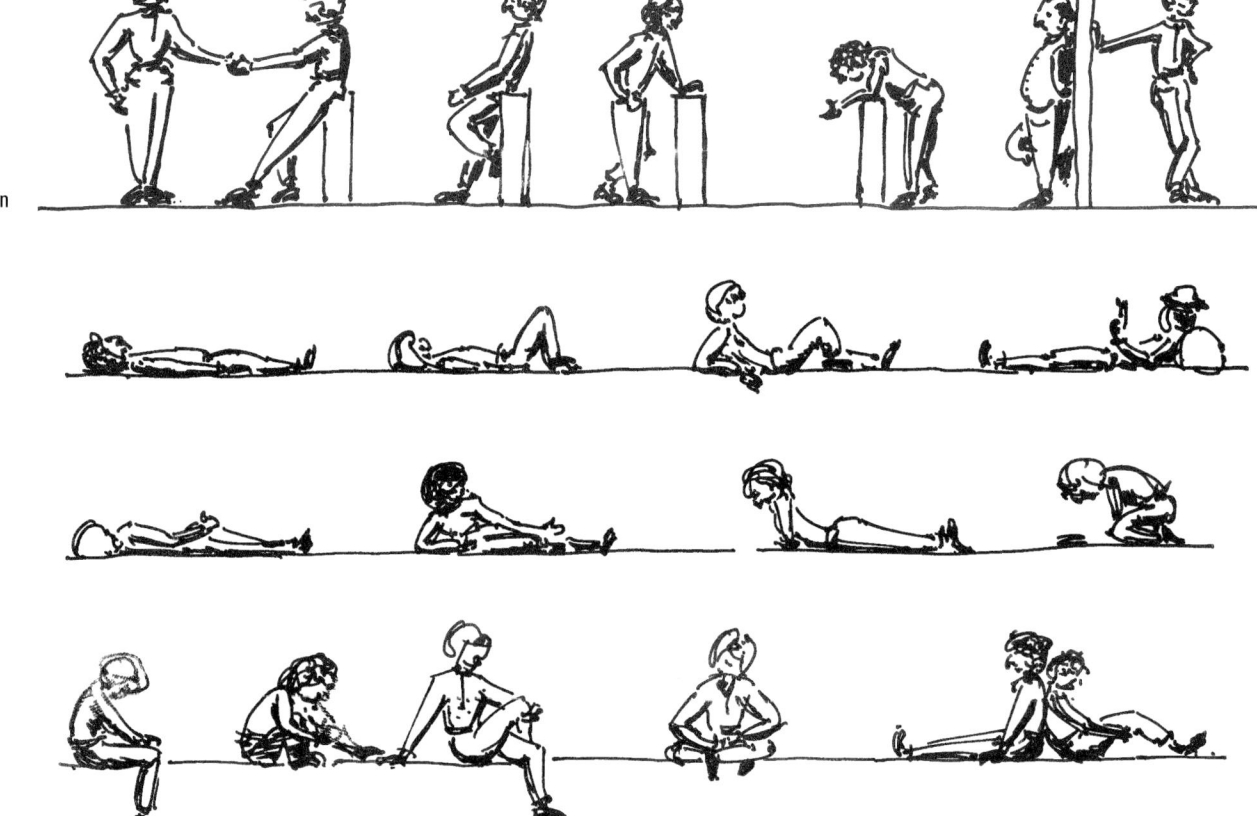

Anlehnhaltungen

Sitzhaltungen

kleines Brettchen in entsprechender Höhe war in manchem alten Chorgestühl für Mönche montiert, um lange Gottesdienste leichter durchzustehen. Wenn es dann noch ein Podestchen für den Fuß gibt, so ähnlich wie die Fußstange bei einer Bar, so steht einem langen Gespräch nichts mehr entgegen.

Welche Produktideen lassen sich aus der beschriebenen Alltagsszene entwickeln? Zum Beispiel Möbel, die zum Verweilen einladen, ohne so verbindlich zu sein wie ein Sitzplatz, der doch eher signalisiert: Wenn ich sitze, bleibe ich länger. Orte für solche Möbel können sein: Vorbereiche für Häuser, in denen eine Vielzahl von Menschen wohnen, und öffentliche Orte, an denen sich viele Menschen treffen. Eine ähnliche Aufgabe hatte früher die Bank vor der Haustüre.

Produktideen

Sitzen im Geborgenen Kennen Sie das auch? Wer in den Strandkorb geht, der zieht sich vom Weltenbrausen zurück, gleichwohl ist er mit ihm in Verbindung. Den Wind im Rücken, die Sonne abgewehrt, vor dem Regenschauer geschützt. So richtig aufrecht wie im Stuhl sitzt in Möbeln wie dem Strandkorb kaum jemand. Zumeist wird der Körper entspannt, und er schmiegt sich, der Schwerkraft gehorchend, an Sitz und Rückenlehne. Loslassen, um träumen zu können. Wer seinen Rücken in die Ecke von Rückenlehne und Seite positioniert und den Kopf zurücklehnt, kann kaum mehr umfallen. Nur damit der Körper nicht nach unten rutscht, stemmen sich die Füße gegen einen Widerstand im Boden. Oder die Fußstütze wurde herausgezogen und aus dem Stuhl wurde fast eine Liege. Lesen oder Mittagsschlaf. Das Liegen auf der Seite geht eigentlich nur in der flachsten Stellung der Rückenlehne, ist jedoch ein bisschen einge-

schränkt. Aber den Körper im Sitzen um 90° zu drehen und die Füße auf den Sitz zu stellen, ist angenehm. Zugleich bieten die Beine eine Auflage für das Buch. Oder es wird geschrieben, das geht aber auch in anderen Stellungen, denn der Korb hat zwei Klappbrettchen. Wessen Beine gerade so lang sind, wie der Korb innen breit ist, der kann auch dann seinen Körper ausstrecken.

Zum Urlaub an der Ost- und Nordsee gehört der Strandkorb dazu. Manch einem gefällt er so gut, dass er sich einen ebensolchen für den heimatlichen Garten oder die Terrasse kauft. Dieses Produkt ist über die vielen Jahrzehnte seiner Existenz und den vieltausendfachen Gebrauch geprüft und erprobt. Eine neue Produktidee lässt sich gegebenenfalls finden, wenn einige der Kernaspekte dieses Möbels herauskristallisiert und in modifizierter Weise miteinander verbunden werden.

Die Kernaspekte:

Seiten, Rücken und Dach umschließen dicht den Sitzbereich,

Sitzbreite für zwei Personen,

Rückenlehnen in Neigung verstellbar,

drehbar, damit der Rücken gegen den Wind steht bzw. auf die Sonne ausgerichtet ist,

kleine Ablagen – Tischflächen,

herausziehbare Fußablagen.

Ball Chair Der »Ball Chair« des Finnen Eero Aarnio und der Strandkorb an der Ostsee haben eines gemeinsam: Wer in ihnen sitzt, ist wie in einer Höhle geborgen. Der »Ball Chair« als Kugel aus durchsichtigem Kunststoff, in der zurückgezogen telefoniert oder Musik gehört werden kann, der Strandkorb in dem sich ungestört von Wind und Sonne schön träu-

men lässt, selbst ein kleiner Regenschauer vermag nicht die Ruhe zu stören. Es sind Möbel, die einer Person erlauben, sich zurückzuziehen, bei einem Strandkorb sogar zu zweit.

Sitzhäuschen Mit einer Innenbreite von 80 cm für eine Person oder 140 cm für zwei Personen finden diese Sitzhäuschen ihren Platz in lauschigen Ecken im Garten. Die Varianten auf Seite 23 zeigen recht unterschiedliche Dachformen – denkbar auch für andere Gartenmöbel, die einen oberen Abschluss brauchen. Die Materialwahl für die Wände bestimmt, wie Licht und Luft durchkommen. Reizvoll ist das Schattenspiel einer Fläche mit Durchbrüchen, die durch Flechtwerk gebildet werden oder auch dadurch, dass Leisten mit Abstand die Wand bilden.

Sitze mit Stangen Wer sich beim Sitzen gegen den Wind schützen will, aber keinen festen Ring oder Korpus zum Hineinsitzen haben will, kann einen Stuhl oder Sessel entwickeln, bei dem Zelt und Wind-

Strandkörbe gibt es in unterschiedlichen Ausführungen.

schutzplanen vom Strand Impulse geben für ein geschütztes Sitzen. Interessant könnten Kohlefaserstangen als Konstruktionsmittel sein. Im Wind werden sie den Schutz sanft wippen lassen und damit zur Atmosphäre beitragen.

Schaukeln – bis die Seele baumelt Kennen Sie das auch? Nachts im Dunkeln schaukeln die Großen in der städtischen Kinderschaukel. Meist schwingt ein bisschen Romantik mit. Ist das Seil lang und die Schaukel bequem, so finden Schaukler und Schauklerin ihre eigene Erdrotation. Und können stundenlang langsam schwingend die Welt neu erfinden. Ein Schaukelplatz im Garten, und keiner muss mehr zum Träumen auf den Kinderspielplatz.

Im Garten geht, was sonst im Wohnzimmer nur mit Beinen steht: Bein ab von Stuhl und Sessel, an die Kette im Baum, fertig ist der Schaukeltraum. Ganz so einfach ist es in Wirklichkeit nicht, doch an dem Grundgedanken lassen sich Ideen ableiten. Andere Schaukelmöbel haben bereits Karriere gemacht: die Hängematte und die Hollywood-Schaukel.

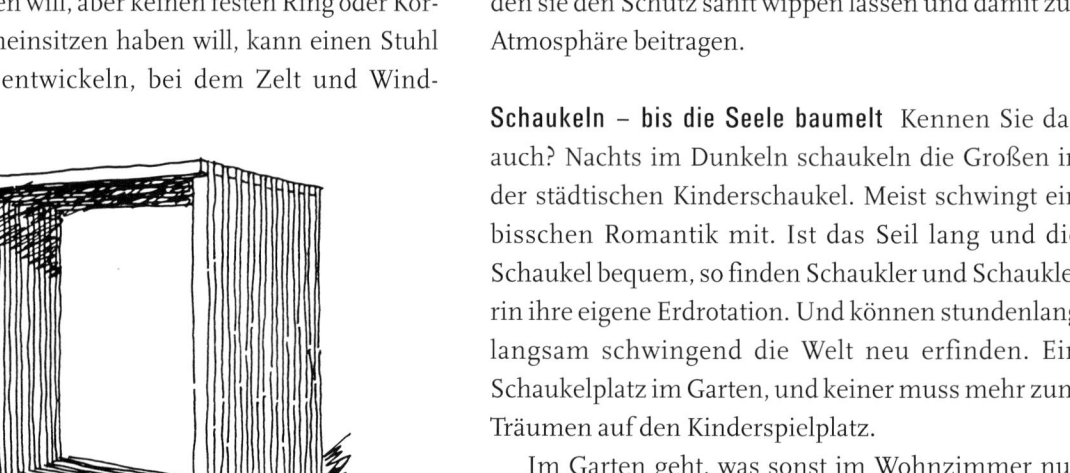

Sitzkorpus aus Leisten. Mit Innenmaß 120 × 120 cm kann man auch quer in dem Sitzkorpus sitzen.

> » Sie knipste das Licht im Garten an und betrachtete den mit Früchten über-
> ladenen Orangenbaum. Dann schenkte sie sich ein Glas Rum ein und ließ
> sich in die Hängematte fallen. So lag sie, hörte Musik, fühlte die Frische des
> Abends und gab sich der Ruhe hin. «   *Gioconda Belli*

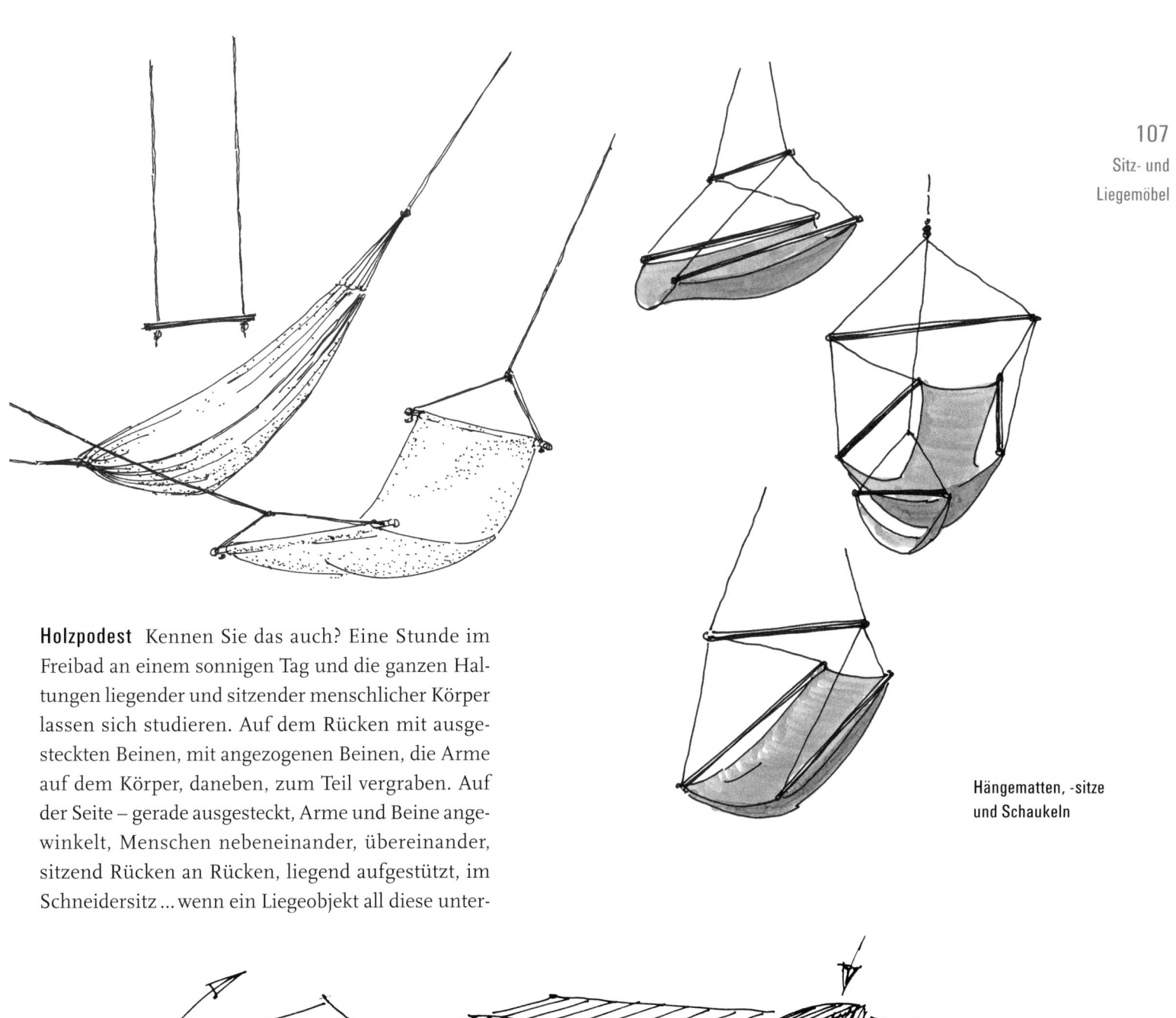

Holzpodest Kennen Sie das auch? Eine Stunde im
Freibad an einem sonnigen Tag und die ganzen Haltungen liegender und sitzender menschlicher Körper
lassen sich studieren. Auf dem Rücken mit ausge-
steckten Beinen, mit angezogenen Beinen, die Arme
auf dem Körper, daneben, zum Teil vergraben. Auf
der Seite – gerade ausgesteckt, Arme und Beine ange-
winkelt, Menschen nebeneinander, übereinander,
sitzend Rücken an Rücken, liegend aufgestützt, im
Schneidersitz … wenn ein Liegeobjekt all diese unter-

Hängematten, -sitze
und Schaukeln

Variable Liegefläche

schiedlichen Positionen zulässt, dann findet es höchste Akzeptanz. Ein Holzpodest ließe all diese Positionen zu. Eventuell kann ein Teil aus der Liegefläche herausgeklappt oder eingesteckt werden. Eine Liegefläche mit hochgezogenem Rücken und für leicht angewinkelte Beine aber schränkt die Benutzung bereits auf wenige Haltungen ein.

> Fläche mindestens 70 × 200 cm um liegen zu können. Am Rand kann wie bei einer Bank mit mehreren Personen gesessen werden.

> Die Podeste können Griffe erhalten zum Tragen oder auch Rollen für den schnellen Ortswechsel.

> L-förmige Elemente können so aneinander geschoben werden, dass eine geschlossene Fläche entsteht, versetzt aneinander, dass im Zwischenraum beim Sitzen die Füße stehen oder ganz auseinander wie eine Sitzgruppe im Wohnzimmer.

Produkt-Beispiele

Liegeorte mit Duftpflanzen Die Steigerung des Genusses: Der Liegeplatz, genauso auch der Sitzplatz, hat nicht nur eine wunderschöne Aussicht und ist gegen übermäßige Sonne geschützt, sondern ihn umschweben angenehme und aufmunternde Düfte. Die den Liegeplatz umstehenden Pflanzen liefern ihn kostenfrei. Am besten, die Pflanzen können aus der Sitz- oder Liegeposition berührt werden, denn dann geben sie ihren Duft besonders gerne preis.

Einige Beispiele für Pflanzen

Duft-Pelargonien: Die gewöhnlichen Pelargonien sind als Geranien wegen ihrer Blüten beliebt. Die Duft-Pelargonien faszinieren gleichfalls mit ihren Blüten, ihre Blätter und Stängel aber haben Duftdrüsen, die ihre ätherischen Öle bei Berührung, Wind oder Regen freigeben, besonders morgens. Die Duftrichtungen sind je nach Sorte unterschiedlich: Orange, Pfefferminze, Pinie, Zitrone und andere.

Jasmin: Bekanntermaßen duftend, für Gärten noch extra duftend gezüchtet, wird dieser Strauch bis zu 3 m hoch.

Veilchen: Es versteckt sich eher unter Hecken und lichtem Gebüsch, sein Duft allerdings ist beruhigend zu riechen.

Gewürze: Majoran, auch Origanum mit starkem, herzhaftem Geruch, Lavendel für Duftbeet und Wäscheschrank, Thymian und Bohnenkraut mit würzigem Duft, Zitronenmelisse ... wer hier einsteigen will, der wird mit einem Gärtner zusammenarbeiten. Manche Sorten sind besonders intensiv. (Und nicht ohne Wirkung, besonders im Kochtopf.)

Die Liege inmitten der Duftpflanzen ist die eine Lösung. Wer den Duft auswählen will hat die weitere Möglichkeit, Duftpflanzen in transportablen Trögen zu pflanzen und um den Liegeplatz zu stellen. Haben die Tröge Rollen, so ist das Umstellen besonders leicht. Dass Düfte das Wohlbefinden beeinflussen, ist kaum neu. Inwieweit sie gesundheitsfördernd wirken, soll hier nicht beleuchtet werden. Zu einem sinnlichen Erleben tragen sie auf jeden Fall bei.

> » Sie goß sich ein Glas Wein ein, ging in ihren kleinen Garten und setzte sich auf einen bereits ziemlich ramponierten Korbstuhl. Sie brach einen Zweig Lavendel ab, zerrieb ihn zwischen den Fingern und atmete den scharfen, beruhigenden Duft ein. « *Elizabeth Falconer*

Nehmen Sie Platz im Lyrikgarten ... signalisierte dieser Ort an die Besucher der Landesgartenschau in Ostfildern 2002 mit dem großen Wasserbecken, umgeben von dunklen, schlanken Nadelgehölzen, Flächen mit Muschelbruch und Rasenflächen. Aber verführt wurden die Besucher, ob Jung oder Alt, durch das Besondere an diesem sommerfrischen Garten: Unter schattenspendenden Stoffbahnen hingen an einer Wand Regale mit über 1000 Lyrikbüchern. Mit einem Buch unterm Arm konnte man dann in einem der vielen Sitz-Liege-Lese-Möbel Platz nehmen. Tatsächlich aber wollten nicht alle lesend sitzen-liegen, viele taten es ohne Buch und träumten oder plauderten oder sinnierten. Was ja nur für die Behaglichkeit der Möbel spricht und auch für das Flair an diesem Ort nach einem Konzept von Knoll Ökoplan, Sindelfingen.

Die Möbel entworfen haben Studentinnen und Studenten der ersten Semester im Bereich »Architektur und Design« an der Staatlichen Akademie der Bildenden Künste Stuttgart im Fach »Grundlagen des Konstruierens – Möbel und Raum« unter Betreuung von Professor Peter Litzlbauer. Für diesen öffentlichen Leseort waren die Möbel in einem Ideenwettbewerb von einer Jury aus insgesamt 36 eingereichten Arbeiten ausgewählt worden. Realisiert wurden die nominierten Stücke zumeist in den Akademie-Werkstätten, für einzelne Konstruktions- und Möbelteile unterstützten Hersteller und Händler die Fertigung.

Der Entwurf und die Herstellung eines Möbels – und eben auch das eigenhändige Herstellen – ist wichtiges Ziel der Ausbildung. Die Formfindung, die konstruktive Ausbildung, das Fühlen und Begreifen erfolgt über das Detail. Erst im Detail zeigt sich die Qualität eines Entwurfkonzeptes für das Möbel, Gerät, Objekt – auch in der Architektur. Wobei die Grenzen fließend sind, denn die Architektur wird als künstlerische Einheit verstanden, die den gesamten

Lebensraum umfasst: Landschaft, Stadt, Bauwerk, Innenraum, Einrichtung und Gerät.

Beabsichtigt ist mit solchen konkreten Aufgabenstellungen wie für den Lesegarten das Lernen analytischen Betrachtens von Problemstellungen, das Infragestellen von gewohnten Sichtweisen sowie der Versuch, durch bewusstes »Aufbrechen standardisierenden Denkens« die Kreativität und Phantasie zu öffnen, zu fördern und im Experiment zu vertiefen. Die Ergebnisse sollen einerseits phantasievoll sein, gar ausgefallen, andererseits aber funktionstüchtig. Und diesen Beleg erbrachten wie beschrieben die Gartenbesucher ohne große Aufforderung über Wochen.

Schaukelnder Korpus: Gesponsert von »ippolito fleitz group« in Stuttgart konnte Felix Mack seinen schaukelnden Korpus als tiefgezogenes Kunststoffelement realisieren. Die weiße Lackierung wurde in den Akademie-Werkstätten aufgebracht.

Schaukelnder
Korpus

Sitzschale: Den Vakuumsack der Akademie-Werkstätten setzte Miriam Kreil stark ein, galt es doch die von der Firma Danzer in Reutlingen gestellten Furniere Schicht für Schicht auf einer Form zu verpressen. Für die Liege werden zwei Schalen ineinander gesteckt. Wenngleich die Konstruktion von der Seite her gesehen recht zart wirkt, hat sie den Einsatztest ohne Blessuren überstanden.

Drei Sitzpositionnen: Das Möbel fasst drei Sitzpositionen zusammen: wie gewohnt darauf sitzen und die Arme auflegen, oder rittlings so, dass das Buch auf den »Kopf des Möbels« gelegt wird oder aber das ganze Element drehen und dann darauf liegen. Im Kern dieses Möbels steckt ein Styroporblock, der mit Glasfaser laminiert wurde. Sebastian Straube ist Schreinermeister und erweitert an der Akademie in einem einjährigen Stipendium seine Gestaltungsfähigkeiten.

Scheiben aufgefädelt: Franziska Schmidts Idee für den konstruktiven Aufbau war recht einfach: Mehrere gleich geschnittene Tafeln werden an Gewindestangen aufgefädelt. Aber in der Wirkung des Möbels sah die Jury eine skulpturale Kraft stecken und zudem, je nach Blickrichtung, erscheint es mit einem wuch-

Drei Sitzpositionen

Scheiben aufgefädelt

tigen oder einem aufgelösten Volumen. Für den Entwurf stand die Beobachtung Pate, dass viele Lesende die Beine anziehen, um dann ein Buch darauf zu legen. Als Material wurden Schaltafeln vom Betonieren verwendet. Beim Prototyp war noch eine Stichsäge im Einsatz und die Kanten wurden mit einem Klarlack versehen. Bei den weiteren drei Elementen wurde dann auf die Lackierung verzichtet, was außer einer stärkeren Vergrauung im Vergleich zum ersten Element sonst zu keiner Veränderung führte. Die Platten wurden auf einem CNC-Bearbeitungszentrum bei der Firma Schieber Möbelwerkstätten in Bopfingen gefertigt.

Verschiebbare Module: Von Taro Gragnato wurden aus Lärchenholz eine Vielzahl gleicher dreieckiger Konstruktionselemente gefertigt und an Edelstahlseilen aufgefädelt. Dahinter stand die Überlegung, dass durch das Gewicht des sitzenden Körpers sich die Holzteile gegeneinander verschieben und so der Körperform anpassen würden. Was sie dann auch tun, nur wollen sie allerdings nicht mehr freiwillig in die Ursprungsposition zurück.

Lange Büroklammer: Auf der Zeichnung und als Modell wirkte dieses Möbel von Achim Kaufer sehr ausladend. Spaßeshalber wurde es daher als »lange Büroklammer« bezeichnet. Am Aufstellungsort allerdings erwiesen sich die Dimensionen als absolut überschaubar. Die Kombination des Holzes mit Edelstahlseil und -rohren bildete einen aparten Kontrast. Das Holz ist Intsigia bijuga und stammt von den Salomoninseln. Für Fertigung und Beschaffung von Materialien wurden mehrere Firmen eingeschaltet.

Modulsitz

Liegeschirm
Christian Benz, Florian Lau,
Hans-Martin Pfau
H 120 cm, T 135 cm, B 75 cm,
Segelhöhe 200 cm,
Sitzhöhe 43 cm
Edelstahl, Aluminium, Eiche,
Markisenstoff, Hanfseil

Liegeschirm In der bequemsten Gartenliege macht das Faulenzen noch mehr Spaß, ruht der Körper im Schatten. Drei Schreiner kombinierten das Liegen auch konsequenterweise mit einem Sonnenschutz.

Mit einem großen Schwung überdacht das Segel den Sitz. Zweifach sogar: heruntergeklappt beschützt es die Sitzfläche gegen Regen und fliegende Blätter, hochgeklappt gegen zuviel Sonne. Wenn diese denn doch einmal zu sehr unter das Segel schauen sollte, dann lässt sich das Möbel dank der großen Rollen leicht in eine bessere Position bringen. Selbst unebenes Gelände wie Bretterbeläge und Steinfugen werden mühelos überwunden.

Viele konstruktive Teile sind in Edelstahl gefertigt, allerdings ist aus ergonomischen Gründen für die Armlehne Eiche gewählt. Holz ist griffiger und auch sympathischer zum Anfassen. Damit das sommerliche Schwitzen von der Liege nicht unnötigerweise unterstützt wird, sind die Sitzschalen luftdurchlässig bespannt.

Anlehner
Andreas Dohms, Cham
Material: astfreie
Robinie, verzinkte
Gitterroste, Gummi.
Schutzrechte:
Geschmacks- und
Gebrauchsmusterschutz

Parkbank in Hagnau,
Robert Längle, Owingen,
Material: Robinie und
Stahl verzinkt

Zu der Liege wurde noch ein Servierwagen entwickelt. Das komplette Ensemble entwarfen die drei Schreiner im Rahmen einer Studienarbeit an der Fachakademie für Holzgestaltung in Cham. Noch ist das Möbel nicht im Handel, wird aber in kleinen Stückzahlen von den Schreinern selbst gefertigt.

Anlehner »newChamer« Schon von weitem locken die übermannshohen Leisten. Und wer sich dann – beim ersten Mal sicherlich ganz vorsichtig – mit dem Rücken an die Leisten anlehnt, wird leicht schwingend gestützt und wird sanft federnd vor und zurück und seitwärts bewegt ähnlich den Ästen eines Baumes im Wind.

Der Anlehner lädt ein zum Lesen, Plaudern, Musizieren und was sonst noch alles im Freien machbar ist im geruhsamen, angelehnten Stehen.

Die Idee für den »newChamer« hatte Andreas Dohms bei einer Studienarbeit. Zwischenzeitlich ist aber die Idee des Anlehners professionalisiert: mit gewerblichen Schutzrechten belegt, einem Sicherheitstest unterzogen, der Vertrieb an Daniel Geisberger, Schreiner in Cham, weitergegeben und auf Messe und im Internet der Öffentlichkeit präsentiert. Wer das Möbel kauft erhält eine Anleitung für den im Boden zu verankernden Aufbau und Sicherheitshinweise.

Hagnauer Parkbank »Hagnau ist ein Weindorf am Bodensee. Ein Weindorf braucht Fässer. Fässer sind rund und bestehen aus Fassdauben. Die Idee zur Hagnauer Parkbank war geboren.« Diese kurze Beschreibung von Robert Längle, Owingen, fasst eigentlich alles zusammen. Bis auf seine Art, diese Parkbank der Öffentlichkeit zu präsentieren. Er stellte die Bank nicht einfach an einen Platz vor die Werkstatt mit einem Schild dazu, sondern er ließ sie gewissermaßen selber an ihren Aufstellungsort marschieren. So schlängelten sich mehrere dieser Bänke eine Straße entlang und für jedermann sichtbar eine Treppe hinauf.

Zwischenzeitlich stehen einige Hagnauer Parkbänke am Bodensee. Und erinnern mit ihrer Leistenstruktur an die Weinfässer des Bodenseeweins.

Aufbewahrungs-
und Arbeitsmöbel

Treibmauern in Sanssouci von Knobelsdorff

Spaziergang in Sanssouci

Feigen wachsen in warmen Gebieten. Ursprünglich im westlichen Asien zuhause gedeiht sie durchaus schon in Südtirol und Frankreich. Aber wer in Deutschland als Liebhaber Feigen, Ananas, Orangen

und andere exotische Pflanzen beim Wachsen beobachten, gar noch ernten will, der wird sich für sein Glück etwas einfallen lassen müssen. Dabei wäre das so schön: die Pflanze mit dem aparten Reiz, das Ungewöhnliche, die mitgebrachten Pflanzen von den Weltreisen. Ohne Hilfsmittel ist in unserem Klima nichts zu machen. Versierte und an ausgefallenen Stücken interessierte Pflanzenfreunde können ein Produktangebot zum Warmhalten brauchen.

Das Gewächshaus wäre das Ideal, doch auf die meisten Grundstücke passt es nicht. Ein Wintergarten wäre auch ein guter Ort, gleichwohl passt auch dieser nicht überall.

Wer durch den Park Sanssouci spaziert findet eine Lösung. Denn auf solch exotische Pflanzen hatte sich auch Friedrich II. eingelassen und betraute den Architekten von Knobelsdorff, eine umfassende Pla-

nung umzusetzen. 1773 wurde der terrassierte Wein-
berg verglast. An den Treibmauern wurde der Wein
gezogen, die Mauern springen in Nischen zurück, die
verglast wurden und für empfindliche Pflanzen das
richtige Umfeld bieten.

Das Prinzip der verglasten Nischen ist plausibel.
Die Sonne erwärmt nicht nur den Luftraum hinter
Glas, sondern auch die Mauer, die als Wärmespeicher
diese Energie aufnimmt, behält und sie erst zu kühle-
ren Tages- und Nachtzeiten wieder abgibt. In kühlen
Jahreszeiten bleiben die zweiflügeligen Türen geschlossen, zu warmen Zeiten werden sie mit einfachen Stäben arretiert. Wer möchte kann in diesen Nischen eine frühe Umsetzung von bauphysikalischen
Methoden sehen, wie sie heute in der Architektur genutzt werden. Die Koppelung Wärmespeicher und
Glasabschluss ist bei einem Gewächshaus so nicht gegeben. Somit bietet die »Treibnische« Ansätze für
vom Glashaus abweichende Produkte. Wobei das
Speicherprinzip bekannt ist durch den Ziegelstein,
der die Betten unserer Vorfahren erwärmte.

**Zwei Ansätze bieten sich an,
um Treib-Elemente zu entwickeln:**

Eine Mauer wird mit einem Glasmantel versehen, er
kann übergeschoben oder angelehnt werden oder

in einen Glaskörper wird ein massives Steinvolumen
gesetzt.

Die Größe der Treibelemente ist von der Nutzung ab-
hängig. In einem kleinen Glaszylinder können kleine
Kakteen gezogen werden, in flachen langen Treib-Vit-
rinen empfindliche Setzlinge, in übermannshohe
Korpussen passen dann die genannten Feigen. Oder
Orangen. Oder die Papaya. Das schöne an solchen
Treib-Vitrinen: In einem Garten können sie gestalteri-
sche Schwerpunkte setzen, ohne Problem in Hofbe-

reiche eingebracht werden, auf Terrassen und Dächern eine kleine, aber intensive Pflanzenzucht ermöglichen.

Schrankhäuser und Vitrinen

Von Anlehn-Schränken und Anlehn-Häusern sowie
Tischvitrinen bis hin zu Vitrinenhäusern wird das
nächste Kapitel handeln. Denn Gartennutzer haben
eine ganze Menge Dinge, die sie in Griffnähe unterbringen wollen oder die sie hinter Glas schützen
wollen. Und weil Schränke, wenn sie immer größer
werden, auch begehbar sind, wird im folgenden
manchmal von Häusern gesprochen – wobei streng
genommen es sich nie um ein Haus, sondern höchstens um begehbare Schränke handelt. Aber eben solche, die im Freien stehen.

Ein Anlehner braucht Hilfe beim Stehen Am einfachsten geht das an einem Gebäude oder einer Gartenmauer. Die Anlehn-Schränke und Anlehn-Häuser haben im Vergleich zu frei stehenden mehrere Vorteile.
In sich stabil müssen sie wohl sein, doch die stati-

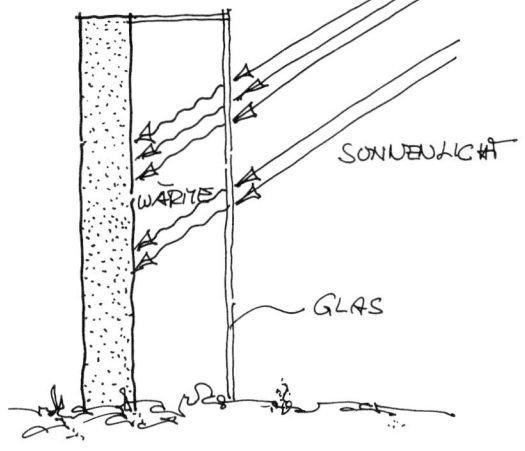

Bei der Kombination von
Mauer und Glasscheibe
darf der Abstand nicht zu
groß sein, sonst wird der
Stein zu wenig Energie
aufnehmen.

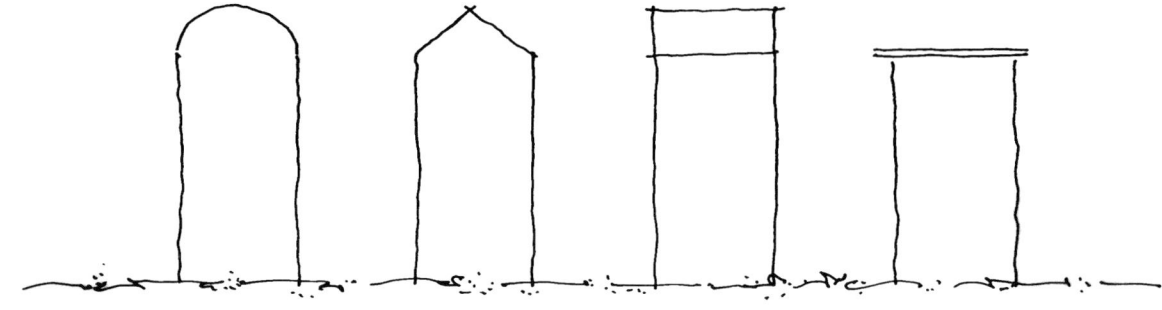

Dachformen

schen Aufgaben wie Standfestigkeit gegenüber Wind und Umfallen bei Öffnen der Türe etc. überlassen sie der Mauer. Sie übernimmt per se auch den Part des Wärmedämmens und spielt einen Teil des Doppels Mauer-Glasscheibe, bekannt aus dem Park Sanssouci. Eigentlich sind neben der Gründung auf dem Boden lediglich vier Glaselemente notwendig: Front, zwei Seiten und eine Abdeckung.

Als Mauer kommen dickere Gebäudemauern in Frage, nicht zu vergessen die Gartenmauern, die allerorten zur Trennung und Gliederung von Grundstücken stehen. Vormauerungen und gedämmte Fassaden ohne äußere Mauerschale scheiden aus, da hier kein Wärmespeichervolumen besteht.

Als Anlehnschrank an Gebäude wird das Element zum Bestandteil des Hauses. Ein Blick in das Baurecht ist notwendig, denn möglicherweise muss eine Genehmigung eingeholt werden. In Breite und Höhe sollte das Element auf Maßgegebenheiten des Hauses abgestimmt werden: Fensterbreiten, Rastermaße der Fenster und Sturzhöhen für die Fronthöhe des Elementes. Bei schmalen hohen Fenstern des Hauses dürfte auch die Frontgliederung senkrecht und schmal sein, bei einer Reihung des Rastermoduls kann eine interessante Geometrie entstehen.

Die Dachform des Gebäudes wird auch die Abdeckung des Elementes bestimmen, Satteldach, Walmdach werden zu einem geneigten Abschluss führen, Flachdach zu einer recht geringen Neigung von etwa 3 %, damit das Wasser abläuft. Dass die Neigung das Regenwasser von der Fassade wegführen muss, dürfte selbstverständlich sein. Die Anbindung an das Gebäude kann mit Blechprofilen erfolgen.

Ähnlich wie bei einer Lochfassade der Rhythmus der Fenster die Architektur bestimmt, kann auch der Anlehn-Schrank durch mehrfache Anordnung eine Rhythmik in die Erscheinung des Gebäudes bringen.

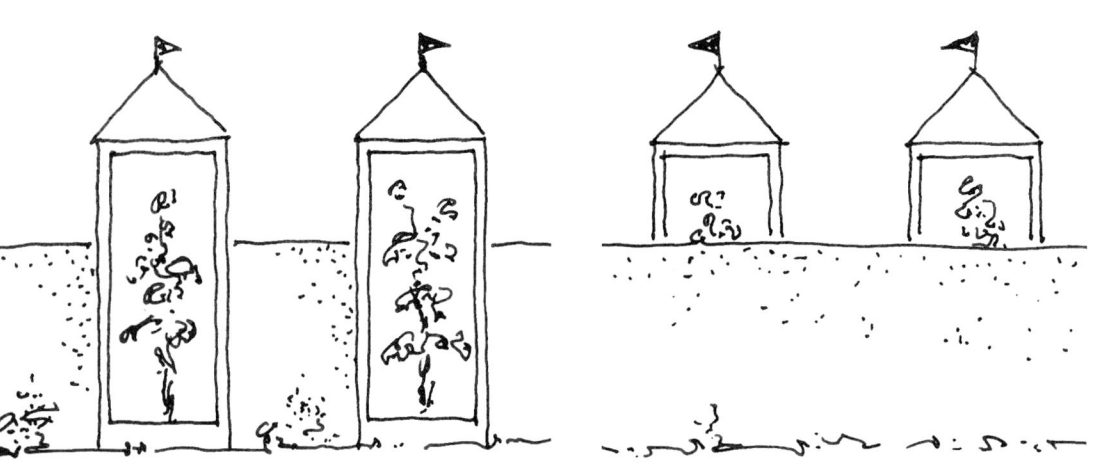

Beispiele für Anlehner an einer
frei stehenden Mauer,
Vorder- und Rückansicht

Vitrinen können Flächen gliedern.

Reihung und Rhythmik mit dem Anlehn-Element werden auch Gestaltungsthemen sein, lehnen sich die Elemente an eine Gartenmauer an. Hier allerdings ist die Frage offen, ob die Höhe unbedingt mit der Höhe der Mauer abgestimmt sein muss. Steht das Anlehnelement über die Oberkante der Mauer hinaus, erhebt es sich wie ein Türmchen und tritt auch auf der anderen Mauerseite in Erscheinung. Allerdings müsste dann für den überstehenden Teil ein schließendes Bauteil auf der freien Rückseite eingebracht werden.

Frei stehende Treibvitrinen Während die Anlehn-Vitrine eine vorhandene Mauer als Wärmespeicher nutzen, müssen frei stehende Korpusse diese integriert haben. Dafür aber können sie ungebundener eingeplant werden: an speziell ausgewählten Orten in Garten und Hof oder auch, wenn sie kleiner sind, wechselnd aufgestellt. Achtung allerdings: Je kleiner sie sind, umso stärker muss die Standfestigkeit bedacht werden. Dazu kann es Elemente geben, an denen diese Treibvitrinen z. B. per Verschraubung befestigt werden können: Bodenplatten, Stäbe oder Winkel an Mauern und Pfosten.

Die kleinste Treibvitrine ist vielleicht ein umgedrehter Glaskolben auf einer Steinplatte. Darin lassen sich Setzlinge ziehen. In kommodengroßen Treibvitrinen kann bereits die ganze Sukkulentenzucht untergebracht sein, in kleiderschrankgroßen wächst der Feigenbusch. Wer dann ein noch größeres Volumen benötigt, dem stellt der Schreiner mehrere Treib-Vitrinen her oder die eine wird noch größer und zeigt sich als Vitrinenhaus.

Bei der Aufstellung mehrerer solcher Korpusse lassen sich interessante Gruppen bilden: die Korpusse in Reihe, einen Freiraum begrenzend oder Weg begleitend, oder freistehend in Reihen: z. B. 2 × 2 oder

mehr, um zwischendurch zu schlendern. Die Korpusse lassen sich gut einbinden in die Gesamtplanung: Sie markieren Blickachsen, sind Ziel und Endpunkt eines Weges, können als Mittelpunkt einer Wegkreuzung fungieren.

Der Unterschied zum Gewächshaus liegt in der anderen Funktionalität: Mit der Wärmespeicherung sind die innenklimatischen Verhältnisse noch mal anders und mit der Einsehbarkeit kommt das Zeigen

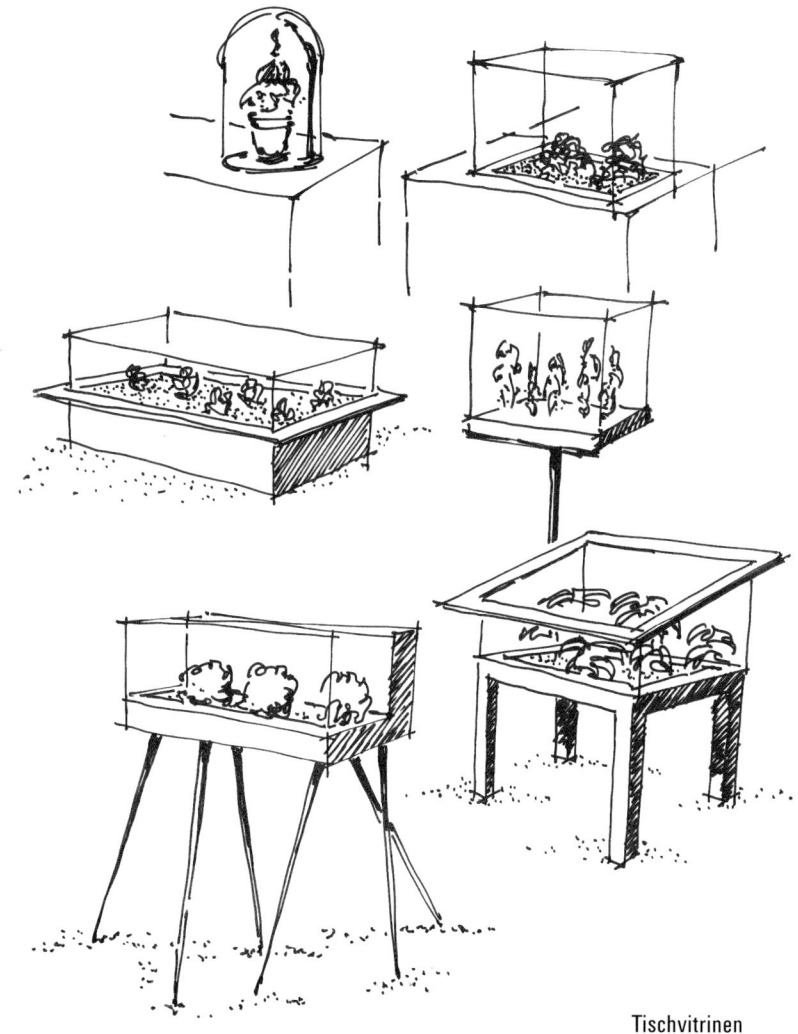

Tischvitrinen

mit dazu. Werden im Gewächshaus Sämlinge groß-gezogen, bis sie ausgesetzt werden können, und steht damit der dienende Aspekt im Vordergrund, so wird die Treibvitrine eher der Dauerplatz für bei uns exotische Pflanzen sein und präsentiert. Was innen wächst und abläuft, kann von außen beobachtet werden. Ein Platz für spezialisierte Gartenfreunde.

**Frei stehende
Vitrinenmodelle**

Funktionselemente Die Treibhausnischen von Friedrich II. zeigen mit ihren Türen und dem simplen Arretiermechanismus, was auf keinen Fall vergessen werden darf: eine Lüftung und auch eine Steuerung der Wärmeeinwirkung. Im Sommer offen, im Winter geschlossen. Ob nun bei den Anlehnern oder Vitrinen gleichfalls die Türen zu öffnen sind oder der obere Abschluss zum Klappen oder ob gar ein wie ein Schiffsschornstein eingebogenes Rohr aufgesetzt wird, ist eine Sache der Detaillierung des Produktes und macht den individualisierten Entwurf für den Kunden aus. Mit in die Front und Seiten eingebauten Gittern oder Lochblechen lässt sich sicher die Lüftung steuern, doch nur bei genügend hohem Anteil an der Front wird der Wärmestau vermieden werden. Eine Arretierung eines geöffneten Bauteils ist sicherer.

Worauf König Friedrich II. heute nicht verzichten würde, wären technische Fühl- und Steuerungsmöglichkeiten, um das Wohlbefinden der Pflanzen zu gewährleisten. Als Zusatzprodukt lassen sich in die Korpusse einbringen: Sensor für Feuchtigkeit, idealerweise gekoppelt mit automatischer Bewässerungsanlage, Sensor für Temperatur, um die Lüftungsklappen zu schließen bzw. öffnen (in der Architektur eingesetzt), für den Winter gar mit einem Signal für die Zuführung von Wärme, sollte denn die Innentemperatur in einen für die Pflanzen gefährlichen Bereich kommen.

In Sanssouci umschließt immer eine Nische mit Verglasung eine Pflanze. Für Orchideen-, Kakteen- und weitere Liebhaber, auch für Züchter von Setzlingen aber wird die Nutzung der Elemente deutlich erhöht, können in den Innenraum Fachböden eingebracht werden. Dies wäre möglich durch Einstellen einer Etagere, durch Montage von Fachbodenträgern in Gewindemuffen, die in entsprechendem Raster in der Mauer eingelassen werden, durch Einstecken in

Nutungen in der Wand, aber auch durch Metallkonstruktionen, wie sie aus dem Regalbereich bekannt sind, möglich. Außer Fachböden können auch Halterungen für Töpfe bis hin zu Aufhängungen für zu trocknende Pflanzen, Werkzeuge etc. eingebracht werden. Auch müssen keineswegs alle Fachböden über die ganze Tiefe gehen, ein nur die halbe Tiefe nutzender Fachboden lässt vorne den nächst unteren Fachboden frei – und er kann dann als Arbeitsfläche genutzt werden oder als Magazinschrank. Aber mehr dazu im nächsten Abschnitt.

Ohne größeren Aufwand, dafür aber mit umso größerem optischem Reiz kann eine Beleuchtung in den Glaskörpern sein. Eine UV-Beleuchtung, damit das Wachstum gesteuert werden kann, mag das eine sein, eine geschickt in den Korpus eingebrachte Beleuchtung bietet noch ein ganz anderes Moment: Sie wird in den Nachtstunden den Anlehner zu einer Leuchtlaterne verzaubern, der den Garten in einen stimmungsvollen Aufenthaltsbereich verwandelt. Insbesondere für Sitzbereiche entsteht eine ungewohnte, dadurch aber umso reizvollere Atmosphäre. Aber auf diesen Aspekt musste Friedrich II. gleichfalls verzichten.

Die Konstruktion Die Gesamtkonstruktion der Anlehner und Vitrinen ist denkbar als Ableitung aus dem Fensterbau. Dann würden sie sich aus Rahmen zusammensetzen, in denen bei Bedarf drehbare Flügel oder Festverglasung eingebracht werden. Denkbar ist aber auch, auf Beschläge aus dem Geländerbau zurückzugreifen und die Glasplatten ohne Rahmenbau durch spezielle Metallbeschläge miteinander zu verbinden, wie die Glasfüllungen montiert werden. Edelstahl-Glasverbinder stehen auch aus der Konstruktion von Vordächern bis hin zu verglasten Fassaden zur Verfügung. Empfehlenswert ist hierbei, mit einem regionalen Hersteller zusammen solche Beschläge für die Korpusse zu entwickeln. Denn mit einem solchen Kontakt im Hintergrund lassen sich auch die ausgefalleneren Lösungen entwickeln. Ein Anlehner, der ums Hauseck geht oder in das zweite Obergeschoss reicht, einer, in den womöglich gar ein kleiner Balkon reicht, als Außenbereich für das Zimmer. Oder ein Vitrinenhaus mit freischwebendem Vordach.

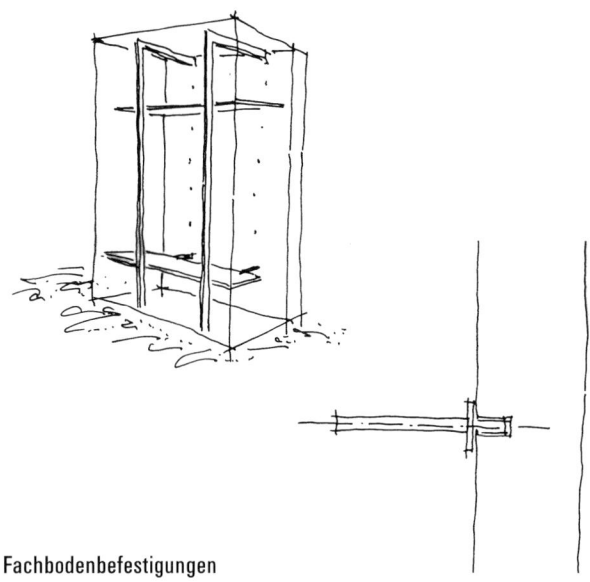

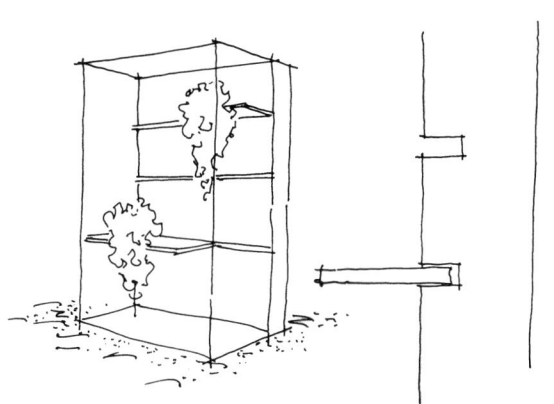

Fachbodenbefestigungen

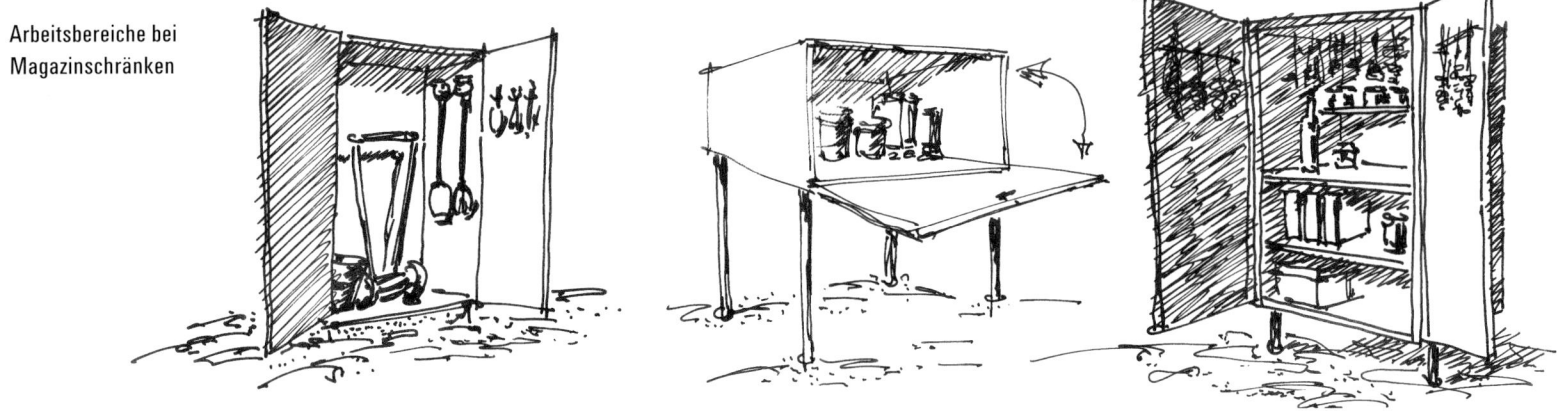

Magazin-Schränke

Wozu braucht man einen Schrank im Garten? Wer Rasenmäher und Gartengeräte unterstellen will baut sich eine Geschirrhütte. Wer in seinem Garten eine kleine Werkstatt möchte stellt sich auf sein Grundstück ein kleines Häuschen. Für die Hasen und Hühner gibt es Ställe ... was sollte da noch fehlen. Im ländlichen Raum stellt sich die Frage sicher gar nicht. Denn die in der Regel größeren Grundstücke lassen Nutzungserweiterungen zu. Auch wird es im Bauernhaus als Wirtschaftsgebäude viele Möglichkeiten geben, alles Notwendige unterzubringen. Wohngebäude in ländlichen Gegenden werden durch Anbauten oder durch weitere, kleine Gebäude ergänzt.

In verdichteten Siedlungsbereichen geht das allerdings nicht. Auf normalen Wohnhausgrundstücken ist allenfalls in der Garage noch Platz für die Gartengeräte oder andere Nutzungen. Aber genau betrachtet haben viele Leute Vorlieben, denen sie bei entsprechender Gegebenheit im Freien nachgehen würden: Pflanzentrocknen und Aufbereiten für Tee, Kochtopf oder Verfeinerung des Essigs, Astronomie, Bildhauerei – geschnitzt wird auf der Freifläche vor dem Schrank – und viele andere Freizeitaktivitäten.

An eine Sitztruhe erinnert diese Bank, der vermeintliche Deckel lässt sich allerdings nicht hochklappen.

Um nun die Spanne zwischen beengter Fläche und dem Wunsch nach Aktivität im Freien zu überbrücken, können schrankgroße Korpusse ein Produktangebot sein. Sie nehmen alle für einen Aufgabenbereich notwendigen Gerätschaften auf, können zudem eine Arbeitsfläche bekommen.

In ihrer konstruktiven Struktur greifen sie auf die Anlehner oder Treibvitrinen zurück, nur werden die Glasteile ersetzt durch wetterfestes Plattenmaterial, Stein, Bleche oder Kunststoffe.

Nutzungen Ein Gartenliebhaber nutzt den Schrank für all seine Werkzeuge: Mäher, Schlauch, Hacke etc., wenn nunmehr noch ein kleingliedriger Bereich dabei ist, der Schere, Schnur und Beschriftungstäfelchen aufnimmt, ist die Ausführung noch besser, ein feuchte- und zugriffgeschützter Bereich für Dünger etc. (so sie eingesetzt werden) bildet dann das Ideal. Für einen normalen Wohnhausgarten genügt meist bereits ein halbhoher Korpus.

Wer gerne draußen sitzt, aber es leid ist, immer auch die kleineren Gartensitze bis hin zu den Polstern aus dem Haus tragen zu müssen, wird einen Magazinschrank in der Nähe der Sitzfläche zum Verwahren dieser Dinge verwenden. Auch dieser Korpus genügt bereits halbhoch.

Es gibt manchmal noch einen etwas schlankeren Hohlraum in Gärten, wie in der Esseckbank der Hohlraum unter der Sitzfläche kann der Raum unter Sitzbänken verwendet werden. Die an vielen Orten auftauchenden, aus Brettern gebildeten Sitzbänke lassen sich mit ihrem Innenraum geschickt nutzen für die Unterbringung von Gartengerät, Schlafpolster bis hin zu Bohnenstange und Tomatenstab.

Mit einer Arbeitsplatte in Steharbeitshöhe von 95 bis 105 cm erhöht sich die Nutzungspalette: Pikieren und Umtopfen sind nun möglich, Tee- und Kräuterverarbeitung – sie können im Schrank trocknen, Bildhauerei, Fischverarbeitung, Wetterstation und mehr. Das Arbeiten im Schrank schützt vor Wind und hat alles notwendige Werkzeug und Hilfsmittel greifbereit: deutliche Vorzüge zum Tisch. Braucht die eine oder andere Nutzung von vornherein Frischluft wie das Pflanzentrocknen, so sollten grundsätzlich solche Korpusse so gebaut werden, dass der Innenbereich gut durchlüftet ist. Das Eindringen von Feuchtigkeit wie Nebel, hohe Feuchtigkeit bei Regen etc. lässt sich auch mit dichtschließenden Türen nicht dauerhaft verhindern – so empfiehlt sich eben, für einen guten Abtransport dieser Feuchtigkeit zu sorgen.

Gartenkochen – Gartenküche

Feuer und Glut für die Zubereitung Im Frühjahr werden sie alle wieder ausgepackt, von Spinnweben und Rost befreit und zumeist in größerer Runde eingeweiht: die Grills. Der eine trägt ihn einfach, da klein, der andere fährt ihn auf seinen Rollen. Bei dem einen Grill ist eine Haube dabei, bei dem anderen gar ein Automat zum Fleischdrehen. Ortsfeste Grills mögen größer sein, werden neu gemauert oder ausgebessert. Denn eigentlich ist das System recht simpel. Ein Grillkohlenhügel auf einer luftdurchlässigen Ebene wie z. B. einem Rost kann in einem recht beliebigen Mauergebilde untergebracht werden. Wer dann noch an einen Windschutz denkt für die Grillglut kann schon starten.

Ein gelungenes Fest lebt auch vom Gesprächsstoff. Und dafür kann schon eine eigenwillige Grill-Konstruktion sorgen, noch besser, sie lässt gar ein bisschen Feuerkompetenz, Kenntnisse aus einem Survival-Training, durchschimmern. Da dreht denn einer seine Zinkwanne um, durchlöchert den Boden

und lässt das Grillgut auf einem großen Rost an langen Bohnenstangen darüber pendeln. Anderen ist das Grillen über der Glut mittlerweile zu wenig und sie bauen sich größere Gefäße, in denen ein offenes Feuer lodert. Zurück zu den Ursprüngen? Denn ge-

Ansichten von
Magazinschränken

meinsam den Ochsen über dem Feuer zu grillen, mag das Urbild der Erinnerung sein, das bei den Freiluft-Festen anklingt. Mit Barbecue ist das Rösten und Braten von Fleisch im Freien bezeichnet, bei dem ganze Tiere oder zumindest größere Stücke auf dem Rost gebraten werden. In die Stimmung der Lagerfeueratmosphäre gehört auch das Surren der Nacht und all die erlebten oder erzählten Geschichten.

Vom Freien fanden Zubereitungsarten, bei denen Fisch, Fleisch und Wurst am gleichen Ort zubereitet und verzehrt werden, in vielerlei Form den Weg an den Esstisch im Haus: als Elektrogrill, als Heißer Stein, Fondue und Raclette bis hin zum Wok. Genau besehen sind die Grenzen gar nicht so streng und der Weg geht auch umgekehrt: Das Fondue schmeckt nicht nur in der Schweiz auch auf der Gartenterrasse, und der Elektrogrill aus dem Wohnzimmer vermeidet die Anzündgerüche der Holzkohle und sichert verlässlich die Zubereitung auch im Garten.

Kurzum, die Verknüpfung der Essenszubereitung mit dem Essensort macht die Faszination aus und Gerätschaften dazu stehen uns in vielerlei Art zur Verfügung. In der Wahl des Geräts und in der Art des Einsatzes zeigen sich die Ansprüche der Griller. In diesem Anspruch kann der Ansatz für Gartenmöbelangebote liegen.

Das Erlebnis beginnt mit der Zubereitung Ganz ehrlich, für ein gutes Grillfest in anspruchsvoller Runde wird man sich kaum mit der Wurst zufrieden geben, die aus dem Papier ausgewickelt direkt auf den Rost kommt. Das wäre so, wie wenn unsere Ahnen den Hasen jagten, das Fell abzogen und ihn aufgespießt über das Feuer hängten. Aber zerlegt und gewürzt schmeckt er besser. Nicht nur Pizzabäcker und Sushi-Köche binden diese Zubereitung des Essens in die Präsentation mit ein, auch bei Freiluft-Essen steigert

das Zuschauen den Appetit und den Erlebniswert. Auf Möbel übertragen heißt das aber: Neben Grill und Feuerstelle müsste eine Arbeitsfläche sein. Wer die Tätigkeitskette dann weiterverfolgt, denn nach Zubereiten und Grillen kommt das Bereitstellen, der wird eine Ausgabefläche vermissen und sie allenfalls am Büffet finden. Für die Essens-Show wäre eine Tischplatte mit Freifläche links und rechts und einem Grill in der Mitte angebracht. Dies ist nicht ganz so ursprünglich, bietet aber Möglichkeiten für Erlebnisse.

Mit dem Grill ist die Zubereitung des warmen Essens gesichert. Was gibt's dazu? Da fällt jedem etwas von einem der Grillerlebnisse des vergangenen Jahres ein. Salate, Saucen, Brot zum einen, Getränke zum anderen. Aber auch hier sind wir Kompromisse gewohnt. Und bücken uns tief, um auf Esszimmertischhöhe aus der Schüssel zu schöpfen. Auf einem Tisch in Steharbeitshöhe wäre das Schöpfen angenehmer. Ein perfektes Gartenmöbelprogramm würde einen solchen Büffettisch beinhalten. Denn eigentlich ist der Garten der beste Küchenort: Noch frischer sind die Kräuter nicht zu haben. Dieser Moment müsste in die Zubereitungs-Performance fest eingebaut sein.

Die Küche im Haus Wer sich die Gliederung der Hausküchen in die Bereiche Aufbewahren, Vorbereiten, Zubereiten sowie Spülen und Entsorgen vor Augen führt und dann an das Essen im Garten denkt, der erahnt, welches Entwicklungspotential darin noch liegen könnte. Dabei verändert sich auch die Küche im Haus sehr. Das Feuer zum Kochen (bis hin zur Räuchermöglichkeit) war früher das Zentrum des Wohnens, sodann wurde die Kochstelle in einen separaten Raum an den Rand verlagert, der Raum erhielt entsprechend dem Modell der Frankfurter – und auch Stuttgarter – Küche sein Gepräge mit einer Möblierung, die aus der Überlegung einer perfektionierten

Arbeitsabfolge heraus entwickelt wurde und löst sich heute zunehmend in die einzelnen Bereiche auf. Dabei ist sie nunmehr hochtechnisiert: mit Herden und Öfen, in denen Computer die Steuerung übernehmen, mit Mikrowelle, Tiefkühlschrank und vielem weiteren.

Wenn auch die Küchenhäuser uns glauben machen wollen, die Küche wäre noch ein wichtiger Teil des gemeinsamen Wohnens, im Kern hat sich auch dies geändert. In der Küche werden immer seltener die Essen für die ganze Familie vorbereitet. Die Technisierung erlaubt, dass sich beinahe jeder zu jeder Zeit sein im Moment bevorzugtes Essen holen kann – ganz für sich und unabhängig von den Gelüsten der noch im gleichen Haushalt Wohnenden. Beim Speisen im Garten ist das anders, hier zählt das Gruppenerlebnis.

In unserem Leben sind wir umgeben von zahlreichen Küchen, denn gegessen wird vielfach außer Haus. Zum einen mit Selbstverständnis, zum anderen für das auserlesene Ereignis. In Betrieb und Büro die Kantine und Schrankküche, im Ferienhaus die Zweitküche, unterwegs ein Kiosk, auf Straßenfesten und Veranstaltungen ein Essenszelt, Restaurants unterschiedlichster Kochkulturen auch an den entlegensten Stellen, im Wohnmobil, Zug, Schiff und Flugzeug wird Essen vorbereitet und angeboten. Technisch ausgefeilte Lösungen und Konzepte haben sich dabei entwickelt. Selbst der Kugelgrill ist hier eher noch ein an die Urzeiten gemahnendes Zeugnis der Kochkunst. Die Frage ist, ob das so bleiben muss. Oder ob nicht auch Kochmöglichkeiten für den Außenbereich »intelligenter« werden.

Mobile Küchen Tragen Sie Ihre Küche mit sich herum, in Garten und Obstwiese. Ansätze dazu existieren schon. Der Service-Wagon von Ferdinand Kramer,

1941 in New York entwickelt, war mit Herdplatte, Eierkocher, Toaster, Mixer und weiterem bis hin zum Radio ausgerüstet und stellte eine Kompaktküche auf Rädern dar, der im Haus eingesetzt, aber auch schnell in die Veranda und in den Garten gerollt werden konnte. Wenn sich heute die Einbauküche in einzelne Möbel mit speziellen Küchenaufgaben zergliedert, so könnte doch tatsächlich ein transportables Element dabei sein, das das Gartenkochen auf hohem Niveau ermöglicht. Für die Elektrifizierung und Wasserversorgung stehen Lösungen parat.

In modifizierter Form hat eine solche Kompaktküche Vorläufer. Frühere Weitreisende hatten bei ihren Fahrten mit der Kutsche durchaus Korpusse, die alles zum Essen notwendige Geschirr und Gerät beinhalteten. Picknickkoffer sind von diesen Möbeln – denn häufig waren es Schreinerprodukte gewesen – abgeleitet.

Gartenküche In Ungarn ist eine Gartenküche in einer tradierten Form durchaus gebräuchlich, wenngleich eher auf dem Land. Verschiedene Formen bildeten sich heraus. Immer aber war das Ziel, sich im Außenbereich verpflegen zu können. Bei dem einen Haus stand ganz einfach ein Spülstein mit Kochstelle oder eine überdachte Küchenzeile hinter dem Haus. Bei einem anderen Haus wurde ein kleines Zusatzhaus in den Garten gestellt und mit einer Küche ausgestattet.

Die Anlässe für diese Gartenküche waren ganz pragmatisch. Denn manches Wohnhaus ist sehr klein, sodass die Gartenküche ein erweitertes Wohnen ermöglicht. Ein anderer Ausgangspunkt ergibt sich aus der klimatischen Situation: Die Hitze des Kochens, Einmachens etc. soll aus dem Haus heraus gehalten werden, denn dort ist es schon warm genug.

Und einmal entdeckt, lassen sich solche Zweitküchen noch in vielen anderen Regionen finden. So in

Kroatien. Dort heißen sie wohl eher Sommerküchen und sind in kleinen Häuschen untergebracht, die das eigentliche Wohnhaus auf dem Grundstück ergänzen. Eigentlich findet in der warmen Jahreszeit alles dort statt: morgens das Frühstück, das Mittagessen, das Abendessen, und wer vorsorgt, stellt sich noch eine Couch auf und kann gleich noch sein Ausruhschläfchen machen. Die Essen werden in der Sommerküche vorbereitet, eingekocht wird dort, ein Tisch im Haus und wenn möglich noch einer im Freien,

wohlbeschattet unter einem Baum für die Mahlzeiten und die Hausarbeiten, für die Kinder und ihre Schulaufgaben, für alle Handarbeiten, denn bei der Gartenküche trifft sich die ganze Familie, Freunde und auch Gäste. Gelebt wird im Freien, im Garten. Die Sommerküchen sind eher in landwirtschaftlichen Gebieten zu finden. Darin liegt vielleicht ihre Existenz begründet, denn frisch vom Feld geht keiner ohne Kleiderwechsel ins Wohnhaus, aber mehrfaches Umkleiden kostet zu viel Zeit. Die Sommerküche ist einfach eine pragmatische Lösung.

Mobile Kochstelle mit
geschlossenen Kopussen
Sperrholz Buche
Katrin Schreyer
Schreinerin, Filderstadt

Für Feierlustige und für Dauergärtner könnten ableitbare Produkte sein:

Küchenhäuschen mit Arbeitsfläche, Zubereitungstechnik und mit Wasserstelle. Eine gute leichte Reinigung muss möglich sein, um der Spinnentiere Herr zu werden.

Wanderküche: Elemente für die jeweiligen Küchenaufgaben sind so dimensioniert, dass sie einfach vom Haus in den Garten transportiert werden können. Dort finden sie sich zu einer wohlfunktionierenden Einheit zusammen.

Bis jetzt haben wir nur über Essen gesprochen. Trinken wäre ein weiteres Thema. Wie wäre es mit einer Gartenbar?

Mobile Kochstelle Die Mobile Kochstelle ist die Alternative zum »Candle-light-Dinner« im Restaurant, so Katrin Schreyer. Romantik pur erlaubt diese Küche in der Tat, denn aufgestellt werden kann sie überall, wo es auf Wiese, in Feld und Wald einen lauschigen Platz gibt. Zerlegt passt die Küche mit ihren zwei Korpussen in jeden etwas größeren Kofferraum eines Autos. Extra mitzunehmen sind noch Wasser, Gasflasche und Lebensmittel. Alles andere ist in den Korpussen: Kochtopf, Pfanne, Kochlöffel, Küchenreibe, Teller, Besteck, Gläser und noch weiteres bis hin zu Gewürzfla-

schen. Wohlgerüstet kann die Reise beginnen. Wobei die ganzen Gerätschaften schüttelsicher untergebracht sind, zum Teil arretiert mit Schiebeklammern, verwahrt in Schüben oder auch eingeklemmt zwischen schlauchummantelten Stiften.

Wer Kochen will muss nur einige Möbelteile umstecken. Es sieht komplizierter aus, aber der Umbau ist in kurzer Zeit erledigt. Die beiden Leisten an der Seite der Korpusse waren zum Tragen gut, nun tragen sie selbst, nämlich die Arbeitsplatte. Diese entsteht durch Zusammenstecken der Frontplatten, die Deckel werden hinten als Schutzplatten eingesteckt, kurzum, jedes Teil bekommt eine zweite Nutzung und fügt sich in einen neuen Zusammenhang. Mühelos lassen sich die Kocher anschließen, ihre Bereiche sind mit Metall schützend ausgelegt ... die konstruktive Pfiffigkeit und die innere Maßordnung machen die Stärke und Gebrauchstüchtigkeit des Möbels aus. Für die Konstruktion wurde Sperrholz gewählt, bei geringem Gewicht bietet es hohe Stabilität.

Anlass für die Entwicklung war für Katrin Schreyer ihr erstes Hobby, das Fallschirmspringen. Dafür ist sie viel unterwegs, in einer Gruppe, und wollte dabei keineswegs auf die kulinarische Versorgung verzichten – Kochen als ihr zweites Hobby. Waren früher alle Kochutensilien unübersichtlich und wenig griffbereit in Kisten mitgenommen worden, so

herrscht jetzt nicht nur Ordnung, sondern ein Arbeitsplatz steht zur Verfügung. Schreyer: »Genuss hat einen großen Raum – draußen – unter freiem Himmel.«

Und nun?

Wir wohnen heute auch im Garten – das hat das Buch hoffentlich gezeigt. Und wie überall braucht man für das bequeme Wohnen die entsprechende Ausstattung. Die Ansprüche und Bedürfnisse des Einzelnen unterscheiden sich in vielen Punkten, und doch haben alle Gartenliebhaber eines gemeinsam: Ihr Garten soll der schönste und der wohnlichste sein. Herauszufinden, wie dieser allgemeine Wunsch individuell erfüllt werden kann, ist der erste Schritt zur erfolgreichen Gartengestaltung. Die nächsten Schritte sind die Entwicklung der eigenen Ideen und Fähigkeiten, die dann dem Kunden angeboten und sorgfältig umgesetzt werden können.

Auf der Suche nach Ideen und deren Umsetzung kann dieses Buch ein Hilfe sein. Gedacht war es als Ansporn für den Schreiner, neue Aufgabenfelder auch außerhalb des Hauses zu suchen.

In diesem Sinne: Viel Erfolg!

Endnoten

1 Adelheid von Saldem, Im Hause, zu Hause; in: Geschichte des Wohnens, Bd. 3, Stuttgart, 1997, S. 200
2 Ebd. S. 268, 269
3 Peter Warnecke, Laube, Liebe, Hoffnung, Potsdam, 2001, S. 21
4 Jürgen Reulecke, Die Mobilisierung der »Kräfte und Kapitale«, in: Geschichte des Wohnens, Bd. 3, Stuttgart, 1997, S. 114
5 Warnecke 2001, S. 63
6 Karin Kirsch, Werkbund-Ausstellung »Die Wohnung«, Stuttgart, 1999, S. 45
7 Karin Kirsch, Die Weißenhofsiedlung, Stuttgart, 1987, S. 91
8 Hans Kammerer, Wohnen und Wohlstand, Stuttgart, 1994, S.52
9 Tilman Harlander, Wohnen und Stadtentwicklung in der Bundesrepublik, Stuttgart, 1994
10 Ebd. S 407
11 Statistisches Landesamt, Lange Reihen, S. 297
12 Peter Hohenhauer, Spielplatzgestaltung, Wiesbaden, 1995, S. 61
13 Baden-Württembergische Landesbauordnung § 9, Stand 19.12.2000
14 Martin Hauck, Bewegungswelten der Kinder; in: Spiel(T)raum DGGL, Berlin, 1997, S. 194
15 Umfrage Infratest 2002; in: Stuttgarter Zeitung vom 07.12.2002, S. 1
16 Andreas Kruse, Stuttgarter Zeitung vom 07.12.2002, S. 4
17 Dritter Bericht des deutschen Bundestags zur Lage der älteren Generation; in: Drucksache Deutscher Bundestag, 14/5130, 19.1.2001
18 Frank Oswald, Spielraum und Lebenswelt im Alter; in: Spiel(T)raum
19 Clemens Fauth; in: Barrierefrei bauen für Behinderte und Betagte, Stemshorn, 1999

Liste der literarischen Zitate

Simone de Beauvoir, Memoiren einer Tochter aus gutem Hause, Hamburg 1987
Christine Brückner, Letztes Jahr auf Ischia, Berlin/Frankfurt a.M./Wien 1964
Renan Demirkan, Die Frau mit Bart, Köln 1994
Annette von Droste-Hülshoff, Gesammelte Werke, Liechtenstein 1948
Elizabeth Falconer, Der Lavendelgarten, München 1998
Hermann Grub, Grün zwischen Häusern, München 1984
Hermann Hesse, Kurgast, Berlin 1925
Alexandra Lapierre, Die Vagabundin, Frankfurt 1997
Peter Mayle, Toujours Provence, München 1992
Peter Mayle, Mein Jahr in der Provence, München 1992
Emil Nolde, Mein Leben, Köln 1976
Roy Strong, Kleine Gartenparadiese, Stuttgart 1998
Virginia Woolf, Die Wellen, Frankfurt a.M. 1959

Bildnachweis